Die Autoren

Prof. Dr. Barbara Schott, interessierte sich schon als Lehrling und später als Studentin dafür, was herausragende Menschen anders machen. Vor allem während ihres Studiums in den USA bildete sie sich in verschiedenen Richtungen der Humanwissenschaften wie Transaktionsanalyse (TA) und Themenzentrierte Interaktion (TZI) und besonders auch NLP. Als Vertriebsleiterin und Filialdirektorin einer großen Versicherungsgesellschaft setzte sie viele Jahre ihre Erfahrungen auf den Gebieten Motivation, Streßmanagement und Kommunikation um. Derzeit entwickelt die Professorin der Fachhochschule Nürnberg gemeinsam mit ihren Studenten neue NLP-Konzepte, die dem einzelnen sowohl privat als auch beruflich größeren Erfolg bei der Umsetzung seiner Ziele und mehr Freude am Leben ermöglichen. In ihrem eigenen Institut «NLP-Praxis» berät und trainiert sie sowohl Manager als auch Privatpersonen.

Prof. Dr. Klaus Birker, Diplomkaufmann, beschäftigt sich theoretisch und praktisch mit den verschiedensten Aspekten der Führungslehre, Kommunikation, Personal- und Organisationsentwicklung sowie der Betriebspsychologie. Auf der Basis humanistischer Psychologie verfügt er über Erfahrungen u. a. in TZI, TA, Gestalt und NLP.

Sein besonderes Anliegen ist es, dem einzelnen Wege aufzuzeigen, die persönlichen Fähigkeiten und Ressourcen zu erschließen und konstruktiv zu handeln.

Nach über 20 Jahren leitender Tätigkeit in der Wirtschaft lehrt er heute als Professor für Betriebswirtschaft (Führungslehre und Controlling) an der Fachhochschule Rheinland-Pfalz. Seit 1987 ist er zusammen mit seiner Frau im «ABV-Institut für angewandte Betriebsorganisation und Verhaltenspsychologie» tätig als Berater, Trainer und Coach.

Von den Autoren im Rowohlt Taschenbuch Verlag bereits erschienene Titel: «Cool bleiben» (9603), «Gut drauf sein, wenn's schiefgeht» (9604), «Andere Wege wagen» (9605), «Freunde finden» (9668), «Prüfungsstreß ade» (9669), «Kompetent verhandeln» (9773).

Barbara Schott / Klaus Birker

Schüchternheit überwinden

NLP – Das Psycho-Power-Programm

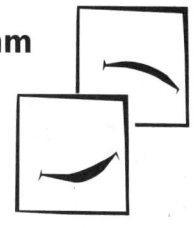

Rowohlt

Dank

Dank schulden wir den vielen, die am Zustandekommen dieses Buches beteiligt waren. Maryann und Ed Reese, Richard Bandler, John Grinder, Robert B. Dilts, Wyatt Woodsmall intensivierten das Wissen, die Methoden und die Fähigkeit, NLP praxisorientiert und stärkend im Beruf und im Privatleben einsetzen zu können. Viele Beispiele ganz unterschiedlicher Art von Schüchternheit verdanken wir Ingrid Hirsch, Gabriele Birker, Ingrid Zoller, Beate Pfingst, Robert Klimke und Stefan Carstens. Für ihre kritischen und konstruktiven Tips danken wir ganz besonders. Georg Schober schrieb mit Unterstützung von Ines Bührke das Manuskript mit großer Ausdauer, Genauigkeit und Schnelligkeit.

Originalausgabe
Veröffentlicht im Rowohlt Taschenbuch Verlag GmbH, Reinbek bei Hamburg, April 1995
Copyright/Konzeptidee © 1995 by Rowohlt Taschenbuch Verlag GmbH, Reinbek bei Hamburg
Redaktion: Rosemarie Schwarz
Grafik: Walter Werner
Umschlaggestaltung: Susanne Heeder
Satz: Sabon PostScript Linotype Library, QuarkXPress 3.3
Gesamtherstellung Clausen & Bosse, Leck
Printed in Germany
990-ISBN 3 499 19774 X

Inhalt

So funktioniert das Psycho-Power-Programm

«Immer wieder passiert mir das. Die besten Frauen werden mir vor der Nase weggeschnappt! Wenn ich bloß nicht so schüchtern wäre!» Holger K. ist empört, weil sein Kollege Jürgen M., der gerade aus dem Urlaub zurückgekommen ist, die neue Kollegin ins Kino eingeladen hat. Seit einer Woche ist sie nun da, und Holger hat die Aufgabe, sie während ihrer Einarbeitung zu unterstützen. Er findet sie sehr sympathisch. Am liebsten hätte er sich gleich am ersten Abend mit ihr verabredet. Er freut sich jeden Morgen darauf, sie zu sehen. Und jeden Morgen nimmt er sich vor, sie zu fragen, ob er ihr die Stadt zeigen darf, denn sie ist erst kürzlich hierher gezogen. Aber die Worte bleiben ihm im Halse stecken, er wird rot und fängt an zu schwitzen, vor allem, wenn er daran denkt, daß sie seine Einladung ablehnen könnte. Wie soll er ihr dann noch begegnen, wo sie doch so eng zusammenarbeiten müssen?

Jürgen M., gerade aus dem Urlaub zurück, ist anscheinend ebenfalls fasziniert von der neuen Kollegin. Holger stellt innerlich zornig fest: «Er schämt sich gar nicht, sie gleich anzubaggern!» Das Schlimmste ist: Die neue Kollegin freut sich und sagt: «Wie schön, die Kinos dieser Stadt kenne ich noch gar nicht!» Holger fühlt sich überfahren und ausgetrickst und ist wütend auf seinen Kollegen und auf sich. «Junge, du bist zu schüchtern!» Das hatten ihm seine Eltern und Lehrer schon oft gesagt. Was ihn so hemmte, war das Gefühl, sofort rot zu werden und sich nicht mehr richtig ausdrücken zu können. In ruhigen Stunden sagte er sich: «Beim nächsten Mal mache ich es anders, dann gehe ich einfach direkt darauf zu.» Aber das nächste Mal verlief genauso wie die vergangenen Male, und er hatte schon die Hoffnung aufgegeben, seine Schüchternheit jemals überwinden zu können.

Aus eigener Kraft solchen blockierenden Denk- und Verhaltensweisen zu entrinnen, gelingt Holger nur manchmal, aber gerade beim Flirten wird die innere Barrikade so groß, daß er den ersten Schritt nicht zustande bringt. Schüchternheit, liest man im Brockhaus, sei ein Zustand teilweiser Hemmung in normalen sozialen Situationen, wenn eine Person der Aufmerksamkeit anderer ausgesetzt ist. Schüchternheit rufe unwillkürliches Erröten, Zittern und die Herabsetzung der sozialen Kontaktfähigkeit hervor. Vom Wortstamm läßt sich «schüchtern» auf «(ver)scheuchen, scheu sein, scheu weglaufen» zurückführen. Aber was uns einschüchtert, entzieht sich unserem Bewußtsein.

Wie wird Schüchternheit ausgelöst, und wie kann

man sich daraus befreien? Dieses Buch befaßt sich mit einer Hilfe für Schüchterne, die aus den USA kommt und Neuro-Linguistisches Programmieren, kurz NLP, genannt wird. Der Informatiker und Psychologe Bandler und der Sprachforscher Grinder begannen Mitte der 70er Jahre, unbewußte Verhaltensweisen und Stimmungen zu untersuchen, um herauszufinden, wie sie besser gesteuert werden können. Es gelang ihnen zu ergründen, wie sich Menschen entweder unbewußt blockieren oder aber zu besonderen Leistungen motivieren. Vor allem wollten sie verstehen, wie blockierende Stimmungen, z. B. Schüchternheit, Ärger, Wut, Streß, in Zustände verwandelt werden können, die das Leben reicher, fröhlicher, lebendiger, in einem Wort: erfüllter machen. Sie beobachteten und untersuchten die Verhaltens- und Denkmuster von Menschen, die unter Phobien wie Höhenangst oder Platzangst leiden, um herauszufinden, wie diese ihre Denkweisen ändern könnten, um Ziele im Leben leichter und mit mehr Freude zu erreichen. Robert Dilts, einer ihrer Schüler, erforschte die unbewußten Verhaltensweisen und Denkprozesse von außerordentlich begabten Menschen wie Walt Disney und Albert Einstein. Ihre Denkmuster werden hier vorgestellt, da sie schüchternen Menschen helfen können, den Schritt nach außen zu gehen.

Mit Erfahrungen aus der Welt der Informatik, der Sprachforschung und der Computerwissenschaft versuchten die NLP-Erfinder, Funktionsweisen des

menschlichen Gehirns besser zu verstehen. Sie vergleichen das Gehirn mit einem riesigen Computer, dessen
Handbuch verlorengegangen ist. Deshalb brauchen
wir etwas, was wir wie eine Gebrauchsanweisung für
unser Gehirn benutzen können. Welche Techniken so
ein Anwenderhandbuch für Schüchterne enthält, wird
in diesem Buch beschrieben. Dazu gehören Verände-
rungsprozesse, die im Gehirn ablaufen, damit wir in
den Zustand «Schüchtern» hineinkommen und auch
aus eigener Kraft wieder herausfinden. Die Besonder-
heit des NLP liegt darin, daß alle Verhaltensweisen, al-
les Denken, alle Empfindungen auf die Arbeit unserer
fünf Sinne – sehen, hören, fühlen, riechen, schmecken
– zurückgeführt werden. Daher auch das erste Wort
«Neuro»: Die fünf Sinne nehmen Informationen auf,
und unsere Gedanken werden sinnesspezifisch im Ge-
hirn gespeichert. Das zweite Wort, «Linguistisch»,
weist auf die Sprache. Mit ihr können wir berichten,
was wir mit unseren fünf Sinnen erlebt haben und was
wir im Gehirn in jedem Sinnesspeicher aufgenommen,
verarbeitet und wieder ausgesendet haben. Das Wort
«Programmieren» weist darauf hin, daß unsere Er-
fahrungen für uns in etwa das darstellen, was für einen Computer Softwareprogramme sind. Neue Erleb-
nisse verstehen wir erst mit dieser Software, d. h., wir
sehen sie im Licht unserer Erfahrungen und steuern
unser Verhalten dementsprechend.

Die Gelegenheit beim Schopf packen

Was haben schüchterne Menschen gemeinsam? Sie verhalten sich so, als seien sie in ihren inneren Programmen gefangen. Etwas Unerklärliches, eine unbewußte Macht sozusagen, hält sie anscheinend zurück, ihre Wünsche zu äußern, Ansprüche zu stellen oder andere für ihre Ziele zu gewinnen. Folgendes erscheint einem wirklich schüchternen Menschen fast unmöglich oder nur mit großem Aufwand erreichbar:

kann ich
schwierig

manchmal

- Aktiv sein und für seine Ideen kämpfen
- Wünsche anderer hinterfragen und eigene Wünsche äußern
- Gutes für sich in Anspruch nehmen und sich dabei wohlfühlen

Schüchterne scheinen die ewig Zweiten zu sein. Das Wohl anderer bewerten sie oft höher als ihr eigenes. Man übersieht sie und ihre Wünsche leicht und bemerkt es nicht einmal, weil sie schweigen, statt sich zu wehren. Sie treten leise auf, haben eher eine «verschwindende» Körperhaltung, kleiden sich oft farblos und unauffällig. Sie sind zurückhaltend, brauchen sehr lange, um sich zu äußern, oder trauen sich gar nicht, etwas zu sagen, obwohl sie manchmal bessere und fundiertere Beiträge leisten könnten als diejenigen, die direkt das Wort ergreifen. Charakteristisch ist auch, daß sie sich zu Dingen überreden lassen, die sie nicht wollen, weil sie Diskussionen und Auseinandersetzungen scheuen. Die Situationen, die Schüchternheit auslösen, sind von Person zu Person unterschiedlich: Manche Schüchterne sind am Telefon sicher und selbstbewußt, aber im persönlichen Kontakt ziehen sie sich zurück, sind gehemmt und verbergen ihre Wünsche. Manchmal sind es nur bestimmte Menschen, von denen sie sich einschüchtern lassen, z. B. sehr autoritäre, machtbewußte Menschen, manchmal tritt die Schüchternheit nur auf bei Personen des anderen Geschlechts. Besonders schwer fällt es ihnen, Reden zu halten, eine Idee vor einer größeren Gruppe zu präsentieren oder eine vehement vorgetragene Forderung abzulehnen. Schüchterne haben Probleme, ihre Wünsche nach außen zu vertreten. Deshalb untersuchen wir hier die Denk- und Verhaltensmuster besonders Begabter daraufhin, inwieweit sie Schüchternen helfen können. Modell steht uns hier Walt Disney, von dem Robert Dilts festgestellt hat, daß er seine genialen Schöpfungen wie Comics, Zeichentrickfilme, Spielparks mit Hilfe von ganz besonderen Denkprozessen ersann, die jeder erlernen kann.

Drei Denkweisen kombinieren

Disney träumte intensiv. Er phantasierte ohne Grenzen, versetzte sich in seine Charaktere hinein und spürte, wie seine einzelnen Comicfiguren auf die jeweils anderen Figuren wirkten. Fand er nicht gleich eine Lösung, so erinnerte er sich an erfolgreiche Traumexperimente in der Vergangenheit. Oder er stellte sich jemand vor, der das, was er sich vorgenommen hatte, schon mal gemeistert hatte. Oder er machte das Problem etwas kleiner und dachte an vergleichbare Situationen. Diese Kreativitätstechniken bewirken vor allem eines: Das Gehirn bleibt in der Denkhaltung «Träumen». Als zweiten Schritt überlegte sich Disney, wie er seine Träume realisieren könnte, was er organisieren müßte, welche Schritte er unternehmen müßte, wer oder was ihm helfen könnte. Hier war er ganz auf sich und die Verwirklichung seiner Träume konzentriert! Er erfand das Storyboarding, eine Denktechnik, die die Umsetzung einer Idee in kleinen, aufeinanderfolgenden Schritten fördert.

In einem dritten Schritt bewertete er Traum und Realisierung. Alles Kritische wurde jetzt erst in die

Planung einbezogen. Erst mit seinen Erkenntnissen als Realist und Kritiker veränderte er seinen Traum.

Für Schüchterne ist eine veränderte Denkfolge charakteristisch. Der Schüchterne träumt und denkt sich Wünsche aus, gleichzeitig fallen ihm Hindernisse, Warnungen, mögliche Mißerfolge ein, die mit der Umsetzung seiner Träume verbunden sind. Meistens kommt er nicht zur Realisierung, weil ihn viele mögliche Risiken sofort und nachhaltig einschüchtern.

Wie im Fall von Holger wird ein Schüchterner vor allem zwischen zwei Denkweisen hin- und hergerissen: Er träumt und ersehnt die Erfüllung seiner Wünsche herbei, und er erwägt sofort die Hindernisse und Risiken. Diese Hindernisse wirken unbewußt so bedrohlich, daß z. B. Holger, wenn er sich mit seiner Kollegin verabreden will, sofort einfällt, wie schlecht er dasteht, wenn sie ablehnt.

Dazwischen fehlt ein ganz wesentlicher Schritt, nämlich jener der Umsetzung: Was könnte er tun, damit sie seine Einladung annimmt? Wie könnte er sie so offen und locker fragen, daß auch eine Ablehnung ihre Beziehung nicht verschlechtert?

Die Erfüllung seiner Wünsche erträumen und die Hindernisse erkennen bilden zwei unterschiedliche Denkweisen, die sich gegenseitig blockieren können. Disney realisierte seine Träume, indem er unbewußt erst mal prüfte, was er schon realisieren konnte, und dann dachte er erst an die Risiken.

Die NLP-Forscher erkannten: Diese drei Denkweisen

Im Gefängnis der Schüchternheit

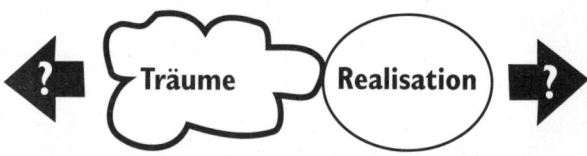

Schüchterne realisieren ihre Träume nicht,
weil sie sich von Gefahren und Risiken
«verscheuchen» lassen.

Kombinieren Sie drei Denkweisen

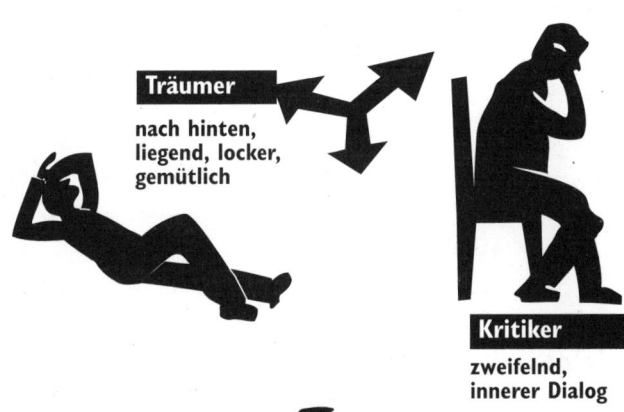

Träumer

nach hinten,
liegend, locker,
gemütlich

Kritiker

zweifelnd,
innerer Dialog

Realist

aktiv, neugierig,
nach vorn, eifrig

Träumen, Kritisieren und Realisieren sind drei Arten, um das Gehirn für seine Wünsche zu gewinnen. Wenn man intuitiv diese drei Denkweisen in einer bestimmten Reihenfolge miteinander verkettet, dann entstehen daraus geniale Verhaltensweisen. Bei Schüchternen scheint die Verbindung von Wünschen und von Risiken beherrschend zu sein. Die Angst, zu versagen, Hindernisse nicht zu meistern, läßt den Fuß stocken, der den ersten Schritt machen will. Man ist gefangen in seiner Welt der vermuteten, aber unüberprüften Gefahren!

Rechtshänder erleben z. B. Kritik intensiver, wenn sie nach links geneigt sind, bei Linkshändern ist es manchmal umgekehrt. Um das nachzuvollziehen, ist es wichtig, ein Kritikerlebnis innerlich aufzurufen, so als ob es gerade stattfände, und zu spüren, daß Sie nicht symmetrisch sitzen oder stehen. In der Regel führt man einen inneren Dialog mit sich selbst über das, was schiefgehen könnte. Die Muskeln sind viel angespannter als bei der Denkweise «Träumen». Kritisieren und träumen gleichzeitig bedeutet, daß Sie den Körper in verschiedene Positionen bringen müssen. Wenn Sie nach dem Träumen sofort die Risiken innerlich aufrufen, verliert Ihr Körper den größten Teil des Traumschatzes wieder, weil er sich in eine Kritikposition bringen muß.

Beim Kritisieren werden unsere Hörzentren besonders aktiviert. Kritische Worte behalten wir oft ein Leben lang. Wenn wir sie innerlich wieder aufrufen, kommen die Bildszenen und andere Sinneseindrücke dazu. Die Körperzone zwischen Brust und Hüfte regt die Hörzentren im Gehirn an. Die Bewegungen unterhalb der Hüfte links aktivieren den inneren Dialog. Daher ist die Körperhaltung in der Kritikposition für Rechtshänder nach links unten geneigt.

Ein weiterer Unterschied zwischen Träumen und Kritisieren ist die Symmetrie der Körperhaltung. Träumen ist eine symmetrische Denkweise des Körpers, Kritisieren eine linkslastige (bei Rechtshändern). Das hat mit der Aktivierung unserer Großhirnhälften zu tun. Unsere beiden Hirnhälften sind unterschiedlich spezialisiert. Die linke Gehirnhälfte ist eher geeignet für das logische Denken, kann besser analysieren und bewerten. Sie steuert die rechte Körperseite. In der linken Gehirnhälfte sitzen auch die Zentren, die Zukünftiges denken können, was beim Träumen wichtig ist, denn Träume beziehen sich auf die Zukunft. Die rechte Großhirnhälfte speichert ganzheitliche Erfahrungen und ist der Sitz der Kreativität, sie nimmt Erfahrungen so auf, wie sie durch unsere Sinneskanäle ins Gehirn gelangt sind. Die rechte Gehirnhälfte speichert unsere Vergangenheit. Da diese Hirnhälfte die linke Körperseite steuert, ist die Linkslastigkeit bei der Kritikposition ein Zeichen dafür, daß es sich um vergangene Erfahrungen handelt.

Wenn wir träumen, benutzen wir auch die rechte Gehirnhälfte, um das, was möglich ist, aus dem, was wir schon kennen, zu gestalten. Insofern ist die Träumer-

Der Ausweg für Schüchterne

position entweder sehr symmetrisch, beide Gehirnhälften und beide Körperhälften werden gleichmäßig aktiviert oder etwas mehr nach rechts geneigt, wenn die Zukunftsorientierung überwiegt. Der Ausweg für Schüchterne heißt demnach, die Denkarten Träumen und Kritisieren zu trennen.

Charakteristisch für das Genie Disney war, daß er die Denkart Realisieren zwischen Träumen und Kritisieren schob: Er dachte zuerst, was überhaupt möglich ist, und danach, was er verwirklichen kann. Erst dann überlegte er, was schiefgehen könnte. Der Vorteil dieser Kombination liegt darin, daß die Körperhaltungen, die diese Denkhaltung begleiten, einander ähnlich sind und sich gegenseitig verstärken. Sie können das ausprobieren, indem Sie sich zurückversetzen in eine Situation, in der Sie etwas wirklich umsetzen wollten. Wie haben Sie damals gesessen oder gestanden? Spüren Sie das Erlebnis in Ihrem ganzen Körper nach, und erleben Sie, wie symmetrisch Ihre Körperhaltung ist. Wie ist Ihre Muskelspannung? Sind Sie mehr nach vorn oder nach hinten geneigt? Die Denkweise Realisieren ist sehr symmetrisch und zentriert, die Muskeln sind etwas angespannter als beim Träumen, und der Körper ist aufgerichteter. Beim Träumen wird die bildliche Vorstellung ganz besonders aktiviert. Beim Realisieren geht es darum, Schritte zu machen, Initiativen zu ergreifen, etwas anzupacken. Da beide Körperhaltungen symmetrisch sind, kann man sehr viel leichter zwischen Träumen und Realisieren hin- und hergleiten, beide Denkweisen verstärken sich! Von Disney wird berichtet, daß er einen Raum hatte, in dem er ausgiebig träumte. Er arbeitete in einem anderen Raum, wenn er in die Phase der Umsetzungsplanung eintrat, seinen Traum in Einzelschritte zerlegte und prüfte, wie er ihn realisieren konnte. Dann ging er in einen dritten Raum, den seine Mitarbeiter «Schwitzkasten» nannten, dort war er selbst der ärgste Kritiker seiner Projekte. Mit den Erkenntnissen aus dieser Kritikphase zog er wieder in seinen Träumerraum und erträumte neue Lösungen.

Das Drama der Schüchternen besteht darin, daß sie beim Träumen ziemlich schnell im «Schwitzkasten» landen. Dort sind sie gefangen in der Angst. Jemand, der zuerst träumt, dann über die Realisierung nachdenkt und schließlich die Risiken nacheinander einbezieht, tut sich viel leichter bei der Umsetzung seiner Wünsche!

Die Schritte aus der Blockade bestehen darin,

- die Auswirkung übermäßiger Kritik auf unsere Befindlichkeit zu untersuchen und ein Modell kennenzulernen, das uns erlaubt, unterschiedliche Stufen von Schüchternheit anzunehmen, und
- eine Reihe von Maßnahmen kennenzulernen, die die negativen Auswirkungen der Kritik neutralisieren, um den Übergang ins Träumen und Realisieren zu erleichtern.

Schwimmen lernen
oder am Rande stehen

Das Träumen ist in der Kindheit noch außerordentlich ausgeprägt. Der Entwicklungsprozeß besteht darin, genug Fähigkeiten zu entwickeln und motiviert zu sein, um die eigenen Träume zu realisieren. Das funktioniert um so besser, je mehr es gelingt, die Risiken vorab einzuschätzen und einzubeziehen! Unsere Bezugspersonen kennen diese Risiken, denn sie haben den Entwicklungsprozeß ja schon selbst erlebt und wollen oft in bester Absicht verhindern, daß ihre Kinder Fehler machen, in die Irre geraten, unglücklich werden! Das Erziehungsziel ist oft Perfektion von Anfang an. Und wer hätte nicht gern Menschen um sich, die keine Fehler machen! Allerdings sind Fehler die einzige Möglichkeit, um Grenzen kennenzulernen. Nur wenn ein Kind merkt, daß es bestimmte Fähigkeiten nicht besitzt, wird es etwas lernen, um seine Träume realisieren zu können.

Erziehung kann auf zweierlei Weise erfolgen: durch Locken oder durch Drohen. Oft verfügen Eltern weder über die Erfahrung noch über die Geduld und Zeit, sich in ihre Kinder so hineinzuversetzen wie der Vater von Mark. Mark, gerade 5 Jahre alt, wohnte mit seinen Eltern an einem kleinen Teich. Er konnte noch nicht richtig schwimmen, sah aber, wie die größeren Jungen sich aus Holz und Draht ein Floß bauten und damit auf dem Teich herumpaddelten. Das wollte er auch. Er überredete seine gleichaltrigen Spielkameraden, auch Holz zu sammeln. Da er keinen Draht fand, benutzte er Bindfaden, und mehr schlecht als recht banden sie Bretter, die sie in einem Schuppen fanden, zu einem Floß zusammen. Als sie es besteigen wollten, kam Marks Vater dazu und erschrak furchtbar! Er wußte, daß die Kinder nicht schwimmen konnten und daß der Teich sehr tief war. Anstatt ihn anzuschreien oder zu bestrafen, holte er die ganze Schar erst mal zusammen und erklärte ihnen, daß sie ein Floß bekämen, wenn sie schwimmen könnten.

Das führte dazu, daß Mark unbedingt schwimmen lernen wollte. Der Vater von Peter, der auch an diesem Floßabenteuer beteiligt war, handelte dagegen aus seiner Angst heraus! Er verbot seinem Sohn, mit Mark zu spielen und sich dem Wasser zu nähern! Daß Peter überhaupt noch schwimmen lernte, ist nur seiner geduldigen Lehrerin zu verdanken, die ihm half, seine Scheu vor dem Wasser zu überwinden.

Die Fähigkeit, zu träumen, zu phantasieren, in unbekannte neue Erlebniswelten hineinzusteigen, scheint uns angeboren! Die Fähigkeit, Realitäten einzuschätzen, erlernt ein Kind erst sehr viel später. Die Eltern «erziehen» ihr Kind nach ihren Idealen. Um das Kind zu beschützen und sein Verhalten in eine Richtung zu lenken, die den Bezugspersonen sinnvoll erscheint, wird ein Kind, oftmals ungewollt, eingeschüchtert. Jeder kennt die Verbote und Drohungen, die uns in unserer Kindheit davon abhalten sollten, Risiken einzugehen.

Bei einem Verbot ist dem Kind nicht klar, was eigentlich gemeint ist, aber seine Traumbilder kippen. Bei Drohungen wird der Risikofilm direkt in die Gehirnbibliothek gestellt. Der junge Mensch wird eingeschüchtert. Unser Gehirn koppelt die Erlebnisse und stellt sie in unserer Gehirnbibliothek ab: Auf den Reiz «ich möchte das gern» hin wird der innere Verbots- oder Drohfilm herausgenommen, der diesen Traum verscheucht! (Grafik) Dadurch kann nichts Neues entstehen. Das Gehirn weiß nur, was es nicht tun soll, was es nicht darf. Wohin die Energie gelenkt werden soll, dafür bedarf es eines Traumes, eines Wunsches, eines Zieles.

Werden Kinder häufiger durch Strafe, durch Kritik, durch das Ausmalen von Hindernissen und Risiken eingeschüchtert, so sammeln sie in ihrer Gehirnbibliothek Bilder, Filme, Tonbänder etc., die die Träume verscheuchen. Bei intensiven Eindrücken kann unser Gehirn so schnell lernen, daß es manchmal nur einer einzigen Situation bedarf, um für immer eingeschüchtert zu sein. Der entsprechende Film wird bei ähnlichen Situationen wieder abgespielt und verstärkt seine Wirkung. Das auslösende Erlebnis ist häufig nicht mehr bewußt. «Ich fühle mich wie auf einer Falltür.

Schüchtern durch innere Risikofilme

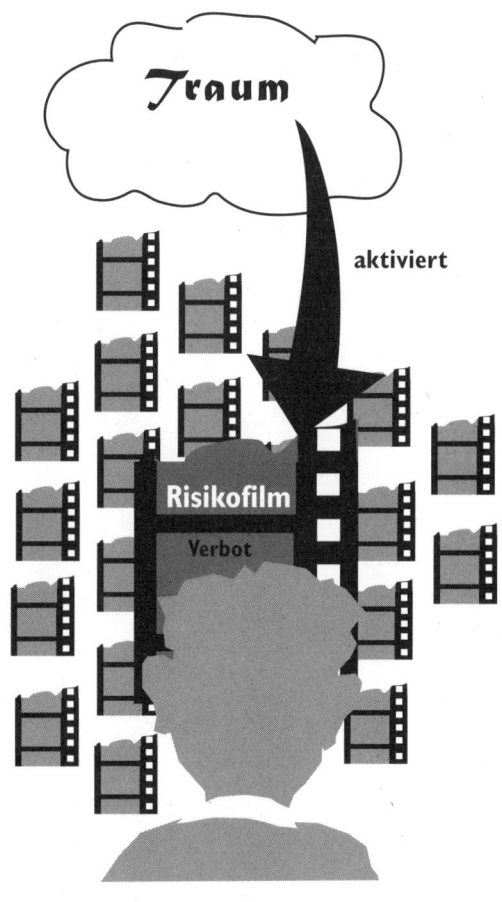

Traum

aktiviert

Risikofilm

Verbot

= Drohungs- und Verbotsfilme

Nie weiß ich, wann die Falltür nach unten aufgeht und ich in meiner Schüchternheit total gefangen bin», so äußert sich z. B. Holger.

Für Schüchterne ist charakteristisch: In ihrer Gehirn-bibliothek sind die Risikofilme «was schiefgehen kann, wird schiefgehen» in der Überzahl. Außerdem sind diese Filme immer in Griffnähe, und sobald ein Wunsch entsteht, wird ein abschreckendes Video: «Alles geht schief» eingelegt. Eingeschüchtert zieht man sich zurück, statt zu handeln.

Innere Kritikfilme überwinden

Wieso ist Schüchternheit oft verbunden mit Rotwerden, schwitzenden Händen, Schweiß auf der Stirn, flauem Gefühl im Magen und verkrampften Kiefern und Schultern? «Ich hatte eine Eisenklammer um den Hals, wie bei einem Weckglas, mußte schlucken, hatte keine Spucke mehr, und dabei sollte ich gleich sagen, wer ich bin und was ich in dieser Selbsterfahrungsgruppe will.» Margot H. kennt dieses Gefühl. Trotzdem hatte sie sich von ihrer Freundin überreden lassen, an einer solchen Sitzung teilzunehmen.

«Es ging los, als die Leiterin sagte, wir sollten uns alle vorstellen und unsere Wünsche äußern. Dann ging es der Reihe nach. Als der Vorletzte seinen Namen nannte, spürte ich, wie meine Finger feucht wurden. Ich dachte innerlich, was soll ich den Leuten sagen? Jetzt komme ich gleich dran! Wer bin ich denn, was kann ich denn? Das interessiert doch niemanden. Ich mache doch eigentlich gar nichts, was ich berichten kann, und eigentlich wollte ich auch gar nicht herkommen. Ich bin nur meiner Freundin zuliebe hergekommen, aber das kann ich doch nicht sagen. So gingen meine Gedanken im Kreis, und als sich mein

Nebenmann setzt, nachdem er sich kurz vorgestellt hat, spüre ich, wie ich, gleich einer Marionette, aufstehe, puddingweiche Knie habe und mir der Hals wie zugeschnürt ist.»

Der Kritikfilm «ich bin doch niemand, wer interessiert sich denn für mich?» ist einer der Filme aus unserer Gehirnbibliothek, die uns in Angst und Schrecken versetzen. Irgendwann in ihrem Leben hatte Margot H. gelernt und verinnerlicht, daß nur gebildete Leute wichtig sind. Bei ihrer Bildung könne sich keiner für sie interessieren. Daß diese Filme so viel Angst auslösen, hat mit unserer Entwicklung in grauer Vorzeit zu tun. Nur die Gruppe konnte schützen. Wen sie nicht als zugehörig und wertvoll ansah, den schützte sie nicht, und der hatte keine Überlebenschance. Ein Kritikprogramm, das die Überlebenschance unbewußt in Frage stellt, löst unser angeborenes Flucht- und Angriffsprogramm aus. Wie unsere Vorfahren in der Steinzeit spannen wir den Nacken an, lassen die Schultern fallen, verkrampfen Muskeln und Gelenke, der Kiefer ist angespannt, die Augen sind schmal, und der Blick wird starr und ist am Ende mehr nach innen gerichtet als nach außen. Sich verscheuchen, sich ducken, sich einschüchtern lassen von derartig tiefgreifenden Angstbildern löst in uns diesen Fluchtreflex aus. Mit den Hormonen Adrenalin und Cortisol werden unser Nervensystem und unsere Muskeln auf Flucht vorbereitet.

Margot H. spürt diesen Zustand immer deutlich. Sie

kann nicht gegen diesen Sog der Schüchternheit an, in den sie immer tiefer hineingerät. Sie vergißt dabei, was sie überhaupt sagen wollte. Als sie aufsteht und ihren Namen nennt, hat sie einen Blackout. «Ich bin hier, weil meine Freundin mich mitgenommen hat!» ist alles, was sie stockend hervorbringt, und die Gruppe lacht. Den ganzen Abend macht sie sich Vorwürfe und wartet nur auf den Augenblick, an dem sie, ohne aufzufallen, wieder nach Hause gehen kann. «Nie wieder kriegst du mich hierher, du merkst doch, ich schaffe es nicht, auch nur den Mund aufzumachen, plötzlich ist alles wie weggeblasen», sagt sie zu ihrer Freundin und beschließt, nie wieder zu einer solchen Gruppe zu gehen.

Wenn wir uns unsere inneren Kritikprogramme vergegenwärtigen, die in uns sehr starke Ängste wachrufen, dann schalten wir gleichzeitig Teile unseres Großhirns ab. Immer wenn unsere Vorfahren mit ihren fünf Sinnen etwas existentiell Bedrohliches wahrnahmen, mußte das Gehirn blitzschnell schalten. Ein besonderer Bereich unseres Gehirns ist für die sehr schnelle Bewältigung solcher existenzbedrohenden Situationen spezialisiert. Flucht und Angriff sind unsere biologisch vorgegebenen, in Urzeiten entstandenen Reaktionsmuster, die für uns heute noch wirksam sind. Schüchterne sind auf der Flucht vor ihrem eigenen eingebildeten Versagen. Sie rufen entsprechende Mißerfolgsszenen auf und lösen dadurch das Schüchternheitsprogramm aus.

**Lassen
Sie sich nicht
in die Falle
locken!**

Da in unserer grauen Vorzeit Flucht und Angriff alle Kraft beanspruchten, verlangsamte das Hirn andere Gehirnfunktionen. Besonders das kreative Denken wird auf ein Minimum reduziert, um die Kraftreserven auf das Überleben zu konzentrieren. Wenn sich jemand aus seiner Schüchternheit lösen will, braucht er aber sehr viel Kreativität, um zu träumen und die Träume zu verwirklichen. Ein Teufelskreis, denn gerade das Großhirn, das zur Kreativität verhilft, wird reduziert.

Man ist blockiert und erinnert sich manchmal wie Margot kaum noch an seinen eigenen Namen, geschweige denn an seine Wünsche. Wenn man sich dann noch selbst beschimpft, verstärkt man diese Angstzustände, so daß schnell die totale Blockade eintritt. Diese Blockade hat weitere körperliche Auswirkungen, die Muskeln werden steif, und man fühlt sich wie ein im Netz gefangenes Tier. Das ist der Zustand, in dem man alle Bemühungen, die Schüchternheit zu überwinden, als ausweglos anerkennt. Es ist, als sei man in die Falle gegangen.

Die sechs Stufen der Einschüchterung

«Meinst du, ich sollte wirklich? Ich kann doch nicht einfach hingehen und sagen, ich möchte die Stelle haben!» Das sagte die Sachbearbeiterin Karin G. zu ihrer Freundin. «Aus dem eigenen Haus wird sowieso nie eine Führungskraft gewählt, vor allen Dingen keine Frau. Was soll ich mich denn da bewerben, ich hab doch keine Chance!»

Worum geht es? In der Firma von Karin G. war die Leitung ihrer Abteilung neu zu besetzen, da der bisherige Stelleninhaber überraschend gekündigt hatte. Karin hätte die Leitung der Abteilung gern übernommen. Wie nicht anders zu erwarten, war diese Stelle auch zuerst intern ausgeschrieben worden, aber niemand hatte sich gemeldet, vor allem auch Karin G. nicht. Sie fühlte sich noch nicht soweit, ihr Chef hatte sie nicht darauf angesprochen, und sie scheute sich einfach, ihn zu fragen, unter welchen Bedingungen sie die Stelle haben könnte. Mit diesen inneren Überlegungen hatte sie schlaflose Nächte verbracht, war aber zu schüchtern, um herauszufinden, ob sie überhaupt eine Chance hatte und was sie dafür tun mußte. Chancen zu nutzen ist für schüchterne Menschen sehr schwierig, vor allen Dingen, wenn sie unter dem Anspruch leiden, alles perfekt können zu müssen. Mit der inneren Überzeugung: «Ich muß es noch besser können, erst dann kann ich mich für die Leitung oder für die nächste Stelle bewerben» schüchtert sich Karin G. ein. Andere Menschen sind da sorgloser, denn es ist ja auch die Aufgabe des Arbeitgebers, jemand für diese Stelle auszubilden und ihn richtig einzuweisen. Also lastet die Verantwortung auf mehreren Schultern.

Insgesamt lassen sich 6 Stufen an Schüchternheit unterscheiden. Robert Dilts hat entdeckt, daß unser Gehirn Informationen auf 6 Denkebenen verarbeitet. Je nachdem, auf welcher Ebene der Kritikfilm läuft, bedarf es anderer Methoden, um den Kritikfilm zu neutralisieren, neu zu träumen und das Geträumte zu realisieren.

Unser Gehirn unterscheidet Informationen danach, worauf sie sich beziehen:

■ **Umwelt:** Läßt sich Karin G. durch die Anforderung der Stelle einschüchtern, so ängstigt sie sich wegen des Risikos, diese Bedingungen nicht zu erfüllen.

■ **Verhalten:** Ihrer Meinung nach entspricht ihr Verhalten noch nicht demjenigen einer Leiterin: «Ich bin noch nicht soweit.»

■ **Fähigkeiten:** Das Risiko bezieht sich darauf, nicht die richtigen Fähigkeiten zu besitzen, um eine Abteilung zu leiten. Sie hat diese Fähigkeiten auch noch nicht unter Beweis gestellt, und das Risiko zu versagen wird ihr dadurch deutlich.

- **Werte, Überzeugungen:** «Nur längere Betriebszugehörigkeit berechtigt zu einer Leitungsfunktion», sagt sie sich. Das Hindernis wird immer größer, weil jetzt nicht mehr die Fähigkeit zur Leitung oder ein bestimmtes Verhalten ausschlaggebend ist, sondern ihre Betriebszugehörigkeit. Des weiteren nimmt Karin G. an, Führungskräfte würden nicht aus dem eigenen Haus gewählt. Da sie Sachbearbeiterin ist, glaubt sie keine Chance zu haben.

- **Identität:** «Als Frau habe ich keine Chance!» Das ist eine Überzeugung, sagt aber auch etwas über die Identität aus: Ich bin eine Frau, also werde ich nicht für eine Leitungsposition ausgewählt. Hier ist eine sehr tiefe Ebene der Abschreckung erreicht. Denn wer sich als Person, z. B. wegen des Geschlechts, abgelehnt fühlt, löst damit innerlich eine noch tiefere Angst aus.

- **Zugehörigkeit, Mission:** Die Denkebene mit der einschüchterndsten Wirkung ist die der Zugehörigkeit. «Ich gehöre doch gar nicht dazu» ist eine Aussage in dieser Richtung.

Wo und wie wird das alles gelernt? Natürlich hören wir Ermahnungen auf diesen sechs Ebenen während unserer ganzen Jugend.

Die kritischen Aussagen können sich auf sechs Arten von Glaubenssätzen beziehen, die aufeinander aufbauen. Jeder höhere Glaube bestimmt alle darunterliegenden Arten von Überzeugungen. Der Fokus der Kritik liegt auf:

Die sechs Stufen
der Schüchternheit

Ebene	Kritik	Risiko
Umwelt	....	
Mein Verhalten	....	
Meine Fähigkeiten	....	bedroht meine Überzeugungen
Mein Glauben	....	
Meine Identität	....	bedroht meinen Lebenssinn
Meine Zugehörigkeit	....	

wütig und dogmatisch verteidigtes Tabu ist o.k.!!

- **Umwelt:** Marks Vater erkennt, wie der Teich seinen Sohn sozusagen zum Traum Floßfahrt einlädt. Er kritisiert ihn nicht, sondern hilft ihm. Peters Vater verbietet seinem Sohn, mit Mark zu spielen und an das Wasser zu gehen! Peter lernt, sich vor Wasser und Kindern wie Mark zu ängstigen. Sie schüchtern ihn ein!
- **Verhalten:** «Ich tanze verkrampft. Ich mache mich lächerlich!» waren innere Stimmen, die Ursula L. daran hinderten, einfach mitzumachen. Holger fand, man könne nicht gleich am ersten Tag ein Rendezvous ausmachen! Warum eigentlich nicht? Wer setzt den beiden solche Verhaltensnormen? Wenn Verhalten eingeschränkt wird, verkümmern auch Fähigkeiten.
- **Fähigkeiten:** Dem Kind werden bestimmte Fähigkeiten von vornherein abgesprochen. Es darf Träume nicht realisieren, weil die Eltern ihm die Fähigkeit dazu absprechen. Sehr häufig werden kleinere Kinder mit ihren Geschwistern verglichen, die aufgrund ihrer weiter fortgeschrittenen Entwicklung schon mehr können. Dem jüngeren Kind wird dann gesagt: «Du bist zu tolpatschig, du bist nicht musikalisch, du kannst nicht singen, du bist nicht kreativ!» Oder wie bei Holger. «Du bist zu schüchtern!» Solche begrenzenden Glaubenssätze über die eigene Fähigkeit werden im späteren Leben nicht hinterfragt! Wenn es darum geht, auf jemanden zuzugehen, schüchtern die heute unbewußten inneren Stimmen und Erlebnisse von damals ein.
- **Werte, Glauben, Überzeugungen:** Eltern geben ihre

Überzeugungen, ihre Wertvorstellungen an ihre Kinder weiter. Welcher Wert kommt der Arbeit zu, welcher dem Vergnügen?

Träumen gilt oft weniger als kritisches Hinterfragen! Auch diese Überzeugungen haben wir unbewußt gespeichert, und sie begrenzen uns und schüchtern uns ein! Sie bestimmen, welche Fähigkeiten wir in uns ausprägen und wie wir uns verhalten. Ist Arbeit wertvoller als Freizeit und Spiel? Welche Bedeutung wird Fehlern gegeben? Eine Erziehung «Sei perfekt!» zeigt, wie gering im allgemeinen das Lernen durch Fehler geschätzt wird.

- **Identität:** Die Abwertung der Person wirkt noch viel tiefer. Vor allen Dingen, wenn dem jungen Menschen ein Modell vor Augen geführt wird, weil die Familie beschlossen hat, daß ein anderes Kind klüger ist. Dann messen die Eltern alle Kinder an diesem bevorzugten Kind und setzen das Selbstwertgefühl der anderen herab. Das geschieht natürlich nicht bewußt, aber ein Kleinkind speichert diese Einschätzung als wahr im Gehirn. In der Familie von Karin G. z. B. galten Frauen als weniger intelligent und wertvoll als Männer. Während die Brüder gut ausgebildet waren und angehalten wurden, fleißig zu lernen, erhielt Karin nur eine mittelmäßige Ausbildung. Sie hatte verinnerlicht, daß ein Mann wichtiger, wertvoller sei als eine Frau, und unterstellte, daß Frauen in ihrer Firma nicht die Chance hätten, die Leitung einer Abteilung zu übernehmen.

34

- **Zugehörigkeit:** Menschen, die auf der Zugehörig-
keitsebene kritisiert werden, orientieren sich vor allem
daran, was andere von ihnen erwarten. Ein Satz wie:
«In unserer Familie arbeiten verheiratete Frauen nie!»
kann nachhaltig einschüchtern. Später werden die
Wünsche des Partners oder des Chefs wichtiger als die
eigenen. Oft werden die Wünsche der anderen für die
eigenen gehalten. Ebenso wie die Eltern das Maß der
Perfektion immer mehr steigerten, um stolz auf ihre
Kinder sein zu können, steigern die so Eingeschüch-
terten es heute selbst und sind nie mit sich zufrieden.
Sie machen nie auf ihre Stärken aufmerksam, sondern
hoffen nur, daß keiner entdeckt, daß sie eigentlich
doch nicht so gut sind, wie andere glauben. Die US-
Psychologin Pauline Rose Clance hat sie die «erfolg-
reichen Versager» genannt und spricht von dem
Hochstaplerphänomen besonders begabter, nach Perfektion strebender Menschen. Sie sehen selbst nur die
kritische Seite an ihren Fähigkeiten und Verhaltensweisen. Auch wenn sie bisher nur sehr gute und oft
über dem Durchschnitt liegende Leistungen zeigten,
so sind sie doch innerlich davon überzeugt, daß ihre
Glückssträhne irgendwann reißt. Da sie die Perfek-
tionswünsche ihrer Eltern verinnerlicht haben, um da-
zuzugehören, führen sie ihre Leistungen nicht auf ihre
Fähigkeiten, sondern auf die Umstände oder die Lie-
benswürdigkeit ihrer Mitmenschen zurück. Und die
können sich natürlich ändern, so daß sie dann als
Hochstapler und Versager enttarnt werden. Erfolgrei-

che Versager sind außerordentlich schüchtern, denn ihr inneres Augenmerk ist auf das gerichtet, was sie noch nicht geleistet und erreicht haben.

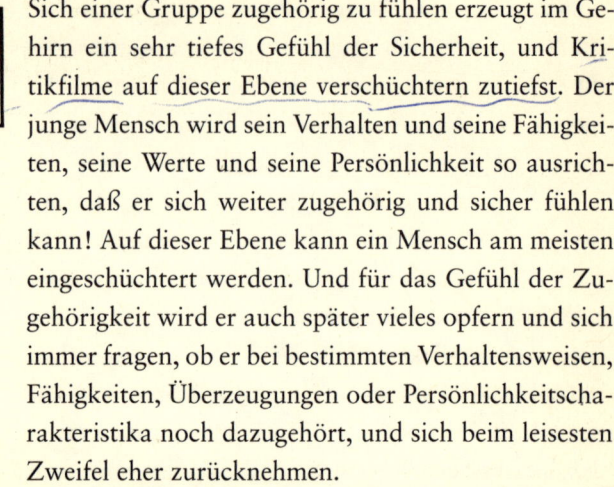

Sich einer Gruppe zugehörig zu fühlen erzeugt im Gehirn ein sehr tiefes Gefühl der Sicherheit, und Kritikfilme auf dieser Ebene verschüchtern zutiefst. Der junge Mensch wird sein Verhalten und seine Fähigkeiten, seine Werte und seine Persönlichkeit so ausrichten, daß er sich weiter zugehörig und sicher fühlen kann! Auf dieser Ebene kann ein Mensch am meisten eingeschüchtert werden. Und für das Gefühl der Zugehörigkeit wird er auch später vieles opfern und sich immer fragen, ob er bei bestimmten Verhaltensweisen, Fähigkeiten, Überzeugungen oder Persönlichkeitscharakteristika noch dazugehört, und sich beim leisesten Zweifel eher zurücknehmen.

Diese Kritikfilme sind häufig nicht nur als Worte, sondern auch als Bilder, Gefühle, Gerüche und Geschmack in den Gehirnspeichern vorhanden. Sie aufzulösen und die Träume neu zu beleben ist Sinn der nun folgenden Maßnahmen und Hilfen.

Übungen für
die Psycho-Power

Soforthilfen

Das Ungleichgewicht zwischen Kritik, Traum und Realisation läßt sich mit NLP sehr gezielt verändern. Da wir für die Sätze «ich will es umsetzen», «ich bin Realist», «wer hilft mir, wie geht es?» eine charakteristische Körperposition besitzen, müssen wir uns als ersten Schritt willentlich und bewußt körperlich von der Kritikerposition in die Realistenposition begeben. Die charakteristischen Merkmale eines Realisten sind:

Die innere Balance finden
Der Körper ist aufgerichtet. So wird das Gehirn über das Rückgrat optimal mit Sauerstoff versorgt. Je mehr Sauerstoff im Gehirn ankommt, um so mehr Denkzellen können eingeschaltet werden. Schon eine kleine Bewegung nach vorn in die nach links gerichtete Kritikerposition sorgt dafür, daß die Sauerstoffzufuhr im Gehirn so reduziert wird, daß Teile des Großhirns ab-

geschaltet werden müssen und vor allen Dingen die Kreativität, die bei Flucht und Angriff in grauer Vorzeit nicht so notwendig war, abgeschaltet wird. So beginnt die eigene Einschüchterung und der daraus entstehende Streßzustand.

Ein Realist ist balanciert, d. h., er steht mit beiden Füßen auf der Erde. Diese symmetrische Haltung hat einen besonderen Vorteil: Da das Großhirn aus zwei Hälften besteht und jede Hälfte die gegenüberliegende Körperseite steuert, bedeutet die Haltung mit beiden Füßen auf dem Boden, daß wir über unseren Körper unsere beiden Gehirnhälften gleichmäßig einschalten können, also auch die kreativen Denkspeicher. Wenn wir jetzt den Atem vertiefen und sehr tief ausatmen, so daß das Einatmen sich von selbst einstellt, wird die Realistenhaltung noch vertieft.

Der Symmetrietest

Wie wissen Sie, ob Sie wirklich zentriert sind und so aufgerichtet, daß Sie realistisch denken können? Daß Sie die Realität überprüfen können, daß Sie hier sind, im Hier und Jetzt? Sie können das ausprobieren durch den sogenannten Symmetrietest:

Öffnen Sie Ihre Arme zur Seite, so daß Ihre Schultern mit den ausgestreckten Armen eine Linie bilden. Die Handflächen zeigen nach vorn. Wenn Sie jetzt die Arme so, wie sie sind, einfach nach vorn steuern, treffen die beiden Handflächen aufeinander. Sind Ihre Hände deckungsgleich, dann stehen Sie symmetrisch, und Ihr

Finden Sie Ihr Gleichgewicht

38

Großhirn ist sozusagen im Gleichgewicht. Beide Gehirnhälften arbeiten gleichmäßig. Sind die Hände nicht deckungsgleich, so ist eine Gehirnhälfte und damit die gegenüberliegende Körperseite mehr aktiviert als die andere. Um sich symmetrisch und realistisch einzustellen, bringen Sie Ihre Handflächen genau deckungsgleich aufeinander und strecken Ihren Hals, führen Ihre Schultern so lange nach hinten, bis die Hände, ohne daß Sie sie bewußt steuern, beim Zusammenführen von den Seiten her genau deckungsgleich aufeinandertreffen.

In der Regel bemerken Schüchterne, wenn sie an Situationen denken, die sie einschüchtern, daß sie den Hals einziehen, die Schultern hochziehen, und wenn sie die Handflächen nach vorn führen, passen die Hände nicht genau aufeinander.

Dieses Ausrichten und Aufrichten bewirkt, daß Sie besser nach außen gehen können. Sie nehmen Kontakt mit Ihrer Umwelt auf, indem Sie das Risiko, das jetzt existiert, untersuchen und Fragen stellen. Die Antworten auf diese Fragen nehmen Sie über Ihre Sinne auf, ganz wertfrei, ohne Beurteilung. Statt sich innerlich vor den Risiken zu ängstigen, die vielleicht nur für Ihre Eltern oder Ihre nächste Umgebung existierten, konzentrieren Sie sich auf das Machbare. Als Realist erleben Sie die Situation wertfrei. Es zählt, was Sie können, was Sie sehen, was Sie hören, was Sie fühlen. Ihre Realistenphase zeichnet sich durch die ständig wiederkehrende Bereitschaft aus, neue Informationen in bezug auf die Hauptaufgabe «Traum realisieren» einzubringen. Achten Sie darauf, daß Sie symmetrisch sitzen. Sobald Sie symmetrisch und zentriert sind, spüren Sie auch, daß Sie viel leichter Informationen von außen aufnehmen und neue nach außen abgeben können, und das genau bedeutet Realisierung.

Manchmal kommt man durch äußere Umstände in die Realistenhaltung, wie das Beispiel von Stephan R., 22 Jahre, zeigt. Er steht in einer Diskothek an die Wand gelehnt. Aus Verlegenheit raucht er eine Zigarette und hält das Glas in der anderen Hand, da er nicht weiß, wohin mit den Händen. Er weiß auch nicht, wohin mit seinen Füßen und seinen Beinen. Er fühlt sich in jeglicher Körperhaltung unwohl. Er überlegt, wohin er schauen soll, er fühlt sich unsicher und möchte am liebsten nach Hause gehen. Er zwingt sich, zu bleiben und auf die Tanzfläche zu gehen, wo ihn niemand zu beobachten scheint. Durch die Bewegung und durch das Tanzen wird sein Körper lockerer und symmetrischer, so daß beide Gehirnhälften gleichmäßiger aktiviert sind. Er hat plötzlich Lust, sich umzusehen, fragt sich, wie er es anstellen kann, eine sympathische Frau kennenzulernen. Sich neugierig umzusehen fällt ihm zusehends leichter. Fast unbewußt nimmt er den Rhythmus einer Tänzerin auf, die sich ihm immer mehr zuwendet. Stephan ist so beschäftigt, sie näher kennenzulernen, daß er gar nicht daran denkt, daß es schiefgehen könnte.

Lassen Sie sich in die Realität locken

Lassen Sie sich in die Realität locken. Vielleicht haben Sie Lust, sich jetzt auszudenken, was Sie unternehmen könnten, um sich aus Ihrer inneren Kritikwelt in ein schönes Erlebnis locken zu lassen.

Wir hemmen uns durch Erfahrungen der Vergangenheit, die wie innere Videobänder in unserer Gehirnbibliothek gespeichert sind und bei ähnlichen Szenen sofort aufgerufen werden und uns dasselbe Gefühl des Risikos, der möglichen Niederlage, des Versagens wie in den vergangenen Situationen vermitteln: sie schüchtern uns ein, hemmen uns, blockieren uns, halten uns gefangen.

Ein erster Schritt aus dieser inneren kritischen Welt ist der Schritt nach außen. Setzen Sie alle Sinne ein, und nehmen Sie mit Ihren Augen bewußt wahr, was Sie sehen. Statt innere Mißerfolgsfilme nachzuerleben und sich ins Boxhorn jagen zu lassen, können Sie Ihre Aufmerksamkeit nach außen richten. Beschreiben Sie sich selbst, und kommentieren Sie, was Sie außen sehen. Was sehen Sie genau mit Ihren Augen, welche Geräusche und welche Worte hören Sie? Was fühlen Sie auf Ihrer Haut, wie sitzen Sie, wie stehen Sie, wie bewegen Sie sich? Setzen Sie auch Ihren Geruchssinn, Ihren Geschmackssinn ein. Natürlich ist es besser, diese Technik zu benutzen, wenn Sie sich gerade nicht in einem Gespräch befinden, sondern wenn Sie etwas Zeit für sich haben. Wenn Sie z. B. überraschend auf einer Party gebeten werden, ein paar Worte zu sagen, und Sie wissen, Sie haben noch einige Minuten Zeit, keiner beachtet Sie, dann ist das eine sehr gute Technik, um sich auf etwas Neues zu konzentrieren und die inneren Kritik- und Versagensängste erst einmal loszulassen. Ganz neue, aufbauende Gefühle können Sie z. B. erleben, wenn Sie – sei es real oder in der Vorstellung – sich umsehen, beobachten und genießen, wie Ihnen jemand zulächelt, wie man Sie mag, wieviel Wohlwollen die Menschen Ihnen entgegenbringen!

Unterbrechen Sie Ihre Gewohnheit!

Unterbrechen Sie so Ihre Gewohnheit, sich von den Schreckensfilmen einschüchtern zu lassen! Die neue, leicht erlernbare Gewohnheit heißt alle Sinne nach außen auf jemanden und etwas zu richten, das Sie erfreut. Suchen, hören und fühlen Sie das Erfreuliche Ihrer Umgebung. Angehende Redner sollten sich Menschen, die sie mögen, gut sichtbar in die 1. Reihe setzen und sich auf sie und ihre Blicke konzentrieren. Dann können Sie umschalten von den inneren Versagenserlebnissen zu äußeren positiven Wahrnehmungen. Damit Ihnen dieser Wechsel von innen nach außen in Zukunft sehr schnell gelingt, richten Sie sich eine Automatik ein, sozusagen einen Hebel, der Sie aus der Schüchternheit herauskatapultiert, wann immer Sie es wollen.

Anker setzen

Wie funktioniert so ein Hebel? Wie erinnern wir uns
an die Fähigkeit, nach außen zu kommen und unsere
Sinne nach außen einzusetzen? Was NLP hier benutzt,
ist seit den Versuchen von Pawlow als Konditionieren
bekannt. Auf Pawlows berühmtes Hunde-Experiment
geht die Erkenntnis von Reiz-Reaktions-Mustern zurück. In einem ersten Experiment erhält der Hund sein
Futter, dazu ertönt ein Klingelzeichen, worauf er ver-
mehrt Speichel absondert, wenn er das Klingeln hört
und das Futter sieht. Nach einiger Zeit ertönt nur
noch das Klingelzeichen, und auch ohne Futter son-
dert der Hund Speichel ab.

Wir sind ebenso programmierbar wie der Pawlowsche
Hund. Ein Blick, ein Wort, eine Berührung, ein be-
stimmter Duft oder ein Geschmack erinnern uns sofort an ein bestimmtes Erlebnis und lösen ein bestimmtes Verhalten aus. So wie manche Worte und
Aussprüche: «Halten Sie eine kurze Rede!» «Tragen
Sie den Sachverhalt kurz vor!» Schüchterne in Panik
versetzen können, so können wir unser Reiz-Reak-
tions-Muster auch positiv nutzen. NLP, immer darauf
aus, daß wir unsere Ziele leichter, fröhlicher und ziel-
sicherer erreichen, benutzt diese Reiz-Reaktions-Mu-
ster im positiven und konstruktiven Sinne. Sie werden
Anker genannt. Der Anker ist der Reiz, der über unsere Sinne – Augen und Ohren, den Tast-, den Ge-
ruchs- und den Geschmackssinn – in uns ein ganzes

Erlebnis auslöst. Solche Reiz-Reaktions-Verbindungen werden vom Gehirn sehr schnell gelernt und können immer wieder aufgerufen werden. Wenn wir diese Fähigkeit nicht hätten, müßten wir jeden Morgen alles neu durchdenken und lernen.

Sie können sich einen Anker setzen, der Sie sozusagen automatisch von innen nach außen versetzt. Sie können z. B. einen Talisman einsetzen. Bei dessen Berührung werden Sie dieses Gefühl der äußeren Bewußtheit intensiv wiedererleben und alle Ihre Sinne gekonnt außen einsetzen. Ingrid M. benutzt eine kleine Muschel als Anker, um ihre Sinne nach außen zu lenken. Diese Muschel hatte sie gefunden, als sie in einem sehr schönen Urlaubsgebiet zum ersten Mal am Strand entlangging, den Sand unter ihren Füßen fühlte, ebenso wie die kühle Brise, die vom Meer kam, die Sonne spürte, die Farben der Wellen und des Meeres sah und sich mit allen Sinnen in dieses neue Feriengebiet einlebte. Die Muschel, die sie damals gleich bei ihrem ersten Strandbesuch fand, erinnert sie immer wieder daran, wie schön es ist, alle Sinne für das Erleben der Außenwelt einzusetzen.

Es gibt viele Anker

Wir haben noch weitere Möglichkeiten, Anker zu etablieren. Die Erfinder von NLP gehen davon aus, daß der ganze Körper ein Erlebnis über bestimmte Hormonzusammensetzungen intensiv erinnern kann. Finden Sie eine neutrale Stelle an Ihrem Körper, die Sie jederzeit wiederfinden und vor allem möglichst unauffällig berühren können. Prüfen Sie vorher aber genau, ob diese Berührung bestimmte Gefühle oder Gedanken auslöst, denn dann ist diese Stelle schon «besetzt», wie eventuell Kinn streicheln, Ohrläppchen zupfen, mit den Fingern gegeneinander reiben, Haare raufen, Stirn runzeln. Sehr geeignet sind Knöchel auf dem Handrücken oder das Nagelbett der Fingernägel.

Wenn Sie Ihre Ankerstelle ausfindig gemacht haben, richten Sie alle Sinne nach außen. Zuerst die Augen. Und dann erleben Sie ganz intensiv, was Sie mit den Augen erleben, ohne es zu bewerten. Vielleicht sprechen Sie auch mit sich und beschreiben, was Sie sehen, um ganz konzentriert mit allen Sinnen nach außen zu gehen.  Hören Sie auch genau hin! Welche Geräusche können Sie unterscheiden, welche Töne, welche Melodien?  Spüren Sie mit der Haut, mit den Muskeln, mit dem Gleichgewichtssinn, was Sie fühlen! Setzen Sie zusätzlich Ihren Geruchssinn ein, versuchen Sie, feinste Düfte und Gerüche zu unterscheiden, und beschreiben Sie sie.  Lecken Sie Ihre Lippen und spüren Sie sie. Setzen Sie Ihren Geschmackssinn ein, und schmecken Sie in Ihrem Mund, an Ihren Lippen, was es da zu schmecken gibt, und benennen Sie es!  Wenn Sie so alle Sinne miteinander kombiniert haben und voll im Hier und Jetzt und Außen sind, drücken Sie auf Ihre Ankerstelle. Nach einigen Minuten berühren Sie diese Ankerstelle noch mal und setzen so einen bewußten Reiz.  Das Außenwahrnehmungsprogramm muß sich dann einschalten, und zwar automatisch. Da es ein sehr ungewöhnliches und vielleicht noch nicht oft geübtes Programm ist, empfiehlt es sich, einmal am Tag diesen Anker zu benutzen und damit die Wirksamkeit fortlaufend zu stärken. Wenn Sie in Zukunft etwas Erfreuliches erleben, setzen Sie die Sinne bewußt darauf an! Wenn Sie jemand anlacht, schauen Sie genau hin! Speichern Sie jedes positive Erlebnis. Wenn jemand etwas Nettes zu Ihnen sagt, hören Sie dem Klang der Stimme zu und ankern dabei ihren «Außenanker», so daß Sie am Ende über eine Automatik des Umschaltens von innen nach außen verfügen. Der große Vorteil eines solchen Umschaltknopfes besteht darin, daß man sich rechtzeitig auf Außenwahrnehmungen einstellen kann, wenn wieder eine einschüchternde Situation entsteht. Sich von inneren kritischen Bildern einfangen zu lassen ist dann schwer, fast unmöglich. Genau das ist das Ziel.

Nutzen Sie die Augenmuster

Es gibt weitere kurzfristig wirkende Möglichkeiten, um die Schüchternheit gar nicht entstehen zu lassen. Die folgende Methode eignet sich vor allen Dingen dann, wenn Sie sich im stillen auf ein gleich eintreffendes Ereignis, das Sie bisher einschüchterte, vorbereiten wollen. Um dem inneren Kritikstreß zu entfliehen, können wir sozusagen mit den Augen rollen und so ganz andere Sinnesspeicher im Gehirn anzapfen.

Dabei ist es hilfreich zu wissen, welche Information sich über die jeweilige Blickrichtung abrufen läßt. Werden die Augen nach oben gerichtet, ohne daß der Kopf mitgeht, so werden im Gehirn visuelle Informationen abgerufen, sind die Augen rechts und links praktisch im Mittelbereich eingesetzt, so geht es um Hör- und Wortinformationen. Bewegt sich die Iris im unteren Drittel, so geht es um Gefühle oder innere Selbstgespräche.

Wie folgende Grafik zeigt, können wir unsere Iris in 6 Stellungen bringen:

Oberer Bereich der Augen: Wenn sich die Iris überwiegend in diesem Bereich aufhält, geht es um visuelle Informationen. In dieser Augenstellung, oben links oder oben rechts, werden im Gehirn die Speicher mit Bildinformationen angesprochen, um visuelle Eindrücke zu erleben, und zwar innerlich. Die rechte und die linke Seite der Augenstellung haben eine besondere Bedeutung, wobei die Seitenorientierung bei der Bezugsperson selber und nicht bei dem Betrachter ansetzt. Die Aussagen beziehen sich auf einen typischen Rechtshänder. Ein Linkshänder muß diese Augenstellungen überprüfen und feststellen, ob diese Standardmuster für ihn gelten oder ob die Seiten dieser Muster vertauscht sind.

Augen oben links: Diese Stellung bedeutet, daß Bilder, die man irgendwann einmal gesehen hat und die in der rechten Gehirnhälfte gespeichert sind, aufgerufen werden.

Augenmuster

rechte Seite   linke Seite

Bilder konstruieren   Bilder erinnern

Worte konstruieren   Worte erinnern

Gefühl spüren   innerer Dialog

Träumer konstruieren Bilder

Realisten fühlen sehr intensiv,
setzen sich in Bewegung

Kritiker benutzen den inneren Dialog

(Annahme Rechtshänder)

Augen oben rechts: Hier geht es um Bilder, die man noch nie gesehen hat, z. B. Traumbilder, Wunschbilder: Der Träumer benutzt bevorzugt diese Augenposition und konstruiert vor seinem inneren Auge diese Bilder. Sicher werden zu den Traum- und Wunschbildern auch Worte und Gefühle gehören.

Mittlerer Bereich der Augen: Hier geht es um das Hören, um Worte, um Klänge.

Augen Mitte links: gehörte Sätze, gehörte Töne, gehörte Geräusche und Klänge! In dieser Augenposition, lassen sich die Ermahnungen und die Kritik der Bezugsperson wiedererleben! Besonders gut hören können Sie vergangene Ermahnungen, indem Sie auch noch leicht Ihren Körper nach vorn beugen, also den mittleren Bereich des Körpers aktivieren, und die Iris der Augen bewußt auf die Mitte links stellen.

Augen Mitte rechts: konstruierte Töne, Geräusche, Klänge: In dieser Augenposition lassen sich sogenannte Affirmationen, positive, aufmunternde Sätze und Worte zur Unterstützung der Träume oder der Realisierung am besten aufrufen.

Augen unten links: Hier sind Sie im sogenannten inneren Dialog, Sie hören sich selbst zu oder sprechen mit sich selbst. Da in unserer Kultur oft die Devise «Eigenlob stinkt» vorherrscht, haben wir hier am häufigsten Zugang zum kritischen inneren Dialog. Und Sie hören schon, hier sitzt die Stimme Ihres inneren Kritikers, hier machen Sie sich fertig, hier führen Sie Eigengespräche wie Margot H., bevor sie in der

Gruppe ihre Wünsche anzumelden versucht: «Wer bin ich, wer will mir denn zuhören, wen interessiert das schon.»

Augen unten rechts: Bei einem Rechtshänder werden im Gehirn Gefühlszentren aktiviert. Man erinnert sich in dieser Augenposition besser an gefühlsmäßige Erlebnisse und ruft außerdem noch Geruchs- und Geschmacksinformationen ab. Erinnern Sie sich, wie Sie mit nackten Füßen am heißen Sandstrand entlangliefen, wie Sie sich kurz vor dem Aufstehen fühlen und – hier besonders bedeutend – wie Sie sich fühlen, wenn Sie eine Sache anpacken wollen, wenn Sie in Ihre Realistenposition gehen.

Wir können mit einem einfachen Rollen der Augen aus der Kritikerposition (innerer Dialog, unten links) in die Realisten- (gefühlsmäßiges Nachspüren des eigenen Tuns, unten rechts) und die Träumerposition (Bilder konstruieren, oben rechts) gelangen. Wenn Sie merken, daß Ihre Schüchternheit zunimmt und alle Schüchternheits-Streß-Phänomene sich im Körper auszubreiten beginnen, bewegen Sie Ihre Augen in andere Positionen, z. B. von links unten in die Mitte links und nach links oben. Dann sind Sie im visuellen Erinnerungsbereich gelandet, und vielleicht können Sie sich jetzt schon daran erinnern, wie Sie schon einmal kompetent eine ähnliche Situation gemeistert haben. Aber auch wenn Ihnen das nicht gleich gelingt, genügen Augenrotationen, um den kritischen inneren Dialog zu unterbrechen. Dann wird der innere kritische

Dialog durch andere Informationen ausbalanciert, und Sie können leichter in die Träumer- und die Realistenposition gehen und sich auf Ihre Wünsche besinnen.

Finden Sie Ihr Zauberwort

«Tragen Sie kurz das Ergebnis vor!» «Können Sie das vielleicht machen?» oder auch «erzähl doch mal einen Witz...!» Wenn solche Aufforderungen Schreckensworte für Sie sind, dann lösen Sie unbewußt Ihr Fluchtprogramm aus. Stellt man sich Schreckensworte geschrieben vor, so sind sie meistens in einer Kinderhandschrift, sehr klein, unleserlich und schwarzweiß geschrieben. Fragen Sie sich einmal, wie die obige Aufforderung, etwas vorzutragen, für Sie innerlich ausgeschrieben aussieht: welche Handschrift, welche Farbart, welcher Hintergrund, wie sehen die Buchstaben aus? All das wirkt direkt auf Ihr Wohlbefinden. Wie sollte sie geschrieben sein, um Sie anzusprechen?
Wie Sie bereits wissen, werden die körperlichen Streßreaktionen, die Schüchterne bei der Aufforderung, etwas vorzutragen, spüren, aufgrund belastender Erfahrungen gebildet. Unser Gehirn merkt sich nicht nur die Bedeutung, den Klang und die Rechtschreibung von Worten, sondern ruft auch körper-

liche und seelische Erfahrungen auf, die wir bisher mit diesen Schreckensworten verbunden haben. Das gesprochene oder erdachte Wort ruft die Erlebnisse aus der Vergangenheit wieder hervor.

Die Zauberwortmethode verändert die Beschriftung der belastenden Erlebnisse. Sehen Sie die Reizworte, die die Schüchternheit bei Ihnen auslösen, in einer lockeren, farbigen, schwingenden Art geschrieben! Lassen Sie aus den I's oder O's Dampfwölkchen aufsteigen, und gestalten Sie den Schriftzug in Form einer Welle. Das Erlebnis «gehen Sie nach vorn, tragen Sie vor, erklären Sie uns kurz» wird dadurch seine Bedrohung verlieren. Schreiben Sie dieselbe Überschrift des Schreckensbildes in einer Sie verzaubernden Weise auf, und Sie werden eine deutliche Verbesserung erleben. Verlassen Sie mit Hilfe Ihrer zauberhaft geschriebenen Worte die innere Kritikposition, erst dann ist es möglich, die Träumer- und die Realistenposition voll zu beleben.

Schaffen Sie sich Ihre Stärkeaura

Es sind immer dieselben Erlebnisse, Situationen und Menschen, die Schüchternheit auslösen! Die Aussage «Wenn mein Partner so fordernd mit mir spricht, bin ich oft eingeschüchtert» ist menschlich nachvollziehbar, aber nicht ebenso logisch für das Gehirn. Das Gehirn hat die Fähigkeit, äußere Reize und innere Gefühle beim ersten Erlebnis für immer zu einem Programm miteinander zu verbinden. Diese früheren inneren Erlebnisse, die bei jeder ähnlichen Begegnung wieder aufgerufen werden, bestimmen, ob wir uns schüchtern, mutig oder selbstbewußt fühlen!

Unsere Sprache spiegelt das, was wir innerlich aus unserer Gehirnbibliothek hervorziehen, deutlich wider: Sehen Sie innerlich schwarz oder rot? Haben Sie keinen Schimmer? Stehen Sie vor einem Berg? So beschreiben Sie sprachlich die unbewußten Bilder, die Sie einschüchtern und hilflos machen. Diese inneren Tonbildschauen aus unserer Gehirnbibliothek projizieren wir in eine Art Bilderraum um uns herum. Denken Sie z. B. an einige Personen, die Sie einschüchtern, und lassen Sie uns nun deren innere Bilder Stück für Stück vergleichen:

Bildgröße

Bildform (rechteckig-quadratisch?)

Bildfarben, (eher hell, eher dunkel?)

Wo befindet sich das Bild? (oben, unten oder ...?)

In welcher Entfernung?

Rechts oder links von Ihrer Körpermitte?

Ist das Bild gerahmt, oder breitet es sich einfach aus?

Nehmen Sie die erste Person, die Sie leicht einschüchtert, und beschreiben Sie das Bild, das Sie von dieser Person erleben. Daneben die zweite Person, daneben die dritte. Wahrscheinlich brauchen Sie die Bilder der vierten, fünften und sechsten Person gar nicht mehr aufzuschreiben. Die innere Bildqualität wird ähnlich sein: Ihre inneren Augen sind auf Ihre Schüchternheitsfilme gerichtet, und Sie haben gar keine Chance, sich anders zu verhalten.

Jetzt nehmen Sie als Gegenbeispiel Personen, die Sie außerordentlich anregen, die Sie selbstbewußt machen und stärken: Beschreiben Sie deren Bilder wie ein liebevoller Galeriebesitzer! In der Regel lösen kleine, dunkle, unscheinbare, schwarz gerahmte Bilder mit verschwommenen Konturen Schüchternheit aus, während Ihre stärkenden Bilder in der Regel bunt sind, hellere Farben und klare Konturen haben und oft dreidimensional und scharf sind.

Einige dieser Bildeigenschaften lassen sich kontinuierlich verändern, einige können nur eine Form einnehmen. Wichtig ist die Frage, ob Sie das Erlebnis innerlich so aufrufen, wie Sie es erlebt haben, oder ob Sie sich ein Bild von sich selbst machen. Die eigene Erlebnissicht wirkt viel unmittelbarer und holt die Gefühle von damals schneller hervor, als wenn Sie sich von außen zuschauen.

Während die Qualität unserer inneren Tonbildschauen durch unsere Bezugspersonen mitbestimmt wurden, haben wir jetzt die Möglichkeit, unser imaginäres, inneres Universum so zu gestalten, wie wir es wollen. Die Glücksaura ersetzt die Schüchternheitsaura.

Schaffen Sie sich durch Veränderung der Bildqualitäten starke Fähigkeits- und Selbstbewußtseinsbilder, die auch in ungewohnten Situationen stabil bleiben, immer präsent sind und Sie in eine exzellente Form bringen.

Neutralisieren Sie Ihre Schüchternheitsbilder

Schalten Sie auf stärkende innere Filme um. Dazu müssen Sie prüfen, was Ihre Schüchternheitsbilder am meisten neutralisiert.

Erinnern Sie sich an eine Situation, die Sie leicht einschüchtert, aber auf einer Streßskala von 1 = leicht bis 7 = sehr intensiv nur bei den Skalenwerten 2 – 3 liegt. Erleben Sie die Situation mit allen Sinnen wieder, vor allen Dingen aber mit Ihrem Bildsinn, und lassen Sie die Schüchternheit noch einmal in sich aufsteigen. Dann verändern Sie nacheinander die Details des Bildes. Spüren Sie, wie sich Ihre Schüchternheitsgefühle verändern! Bewerten Sie die Gefühlsintensität auf einer Skala von 1 = sehr schwache Veränderung bis 5 = sehr starke Veränderung. Danach machen Sie die Veränderung wieder rückgängig.

1. Bildgröße: Machen Sie das innere Bild zuerst größer, dann kleiner! Achten Sie darauf, wie sich Ihre Gefühle verändern!

2. Farbe/Helligkeit: Variieren Sie die Intensität der Farbe von intensiven, hellen Farben bis zu schwarz-weiß! Spüren Sie, wie sich Ihr Gefühl verändert.

3. Entfernung: Verändern Sie den Abstand des Bildes von ganz nah bis ganz weit! Spüren Sie, was mit Ihren Gefühlen passiert!

4. Klarheit: Verändern Sie das Bild von kristalliner Klarheit der Details zu verschwommener Ungenauigkeit. Wie verändern sich Ihre Gefühle? Kontrast: Regulieren Sie den Unterschied zwischen Hell und Dunkel, von scharfem Kontrast zu mehr fließenden Grauschattierungen. Was passiert mit Ihrem Gefühl?

5. Rahmen: Gehen Sie von einem gerahmten Bild zu einem Panoramabild, das sich hinter Ihrem Kopf aus-

breitet! Können Sie mehr sehen, wenn Sie Ihren Kopf drehen? Wie verändern sich Ihre Gefühle?

6. Bewegung: Verändern Sie das Bild von einem stillstehenden Foto zu einem Film. Benutzen Sie verschiedene Geschwindigkeiten, und prüfen Sie Ihre Gefühlsveränderung.

7. Proportionen: Machen Sie das Bild groß und schmal, dann kurz und breit. Spüren Sie, wie das Ihre Gefühle verändert!

8. Eigene Beobachtung: Prüfen Sie die Kipprichtung des Bildes, den Vorder- und Hintergrund und andere Bildqualitäten.

Vielleicht haben Sie schon einen Eindruck davon, welches Ihre kritische Bildeigenschaft ist. Bandler, einer der NLP-Erfinder, entdeckte, daß sehr viele von uns auf vier Bildeigenschaften kritisch reagieren:

Farbe/Helligkeit: In der Regel dämpft das Herausnehmen der Farbe und Verwandeln des Bildes in Schwarzweiß die Gefühle sehr stark.

Größe: Ein sehr kleines Bild wirkt viel schwächer auf die Gefühle als ein großes Bild.

Entfernung: Nahe Bilder wirken intensiver als weit entfernte Bilder.

Assoziiert/dissoziiert: Sehen Sie Bilder aus den eigenen Augen (assoziiert), dann sind in der Regel die Gefühle intensiver, weil Sie die Situation noch einmal in voller Gefühlstiefe nacherleben. Sehen Sie sich von außen zu, so fühlen Sie in der Regel weniger intensiv.

Wie Sie Schüchternheitsbilder neutralisieren

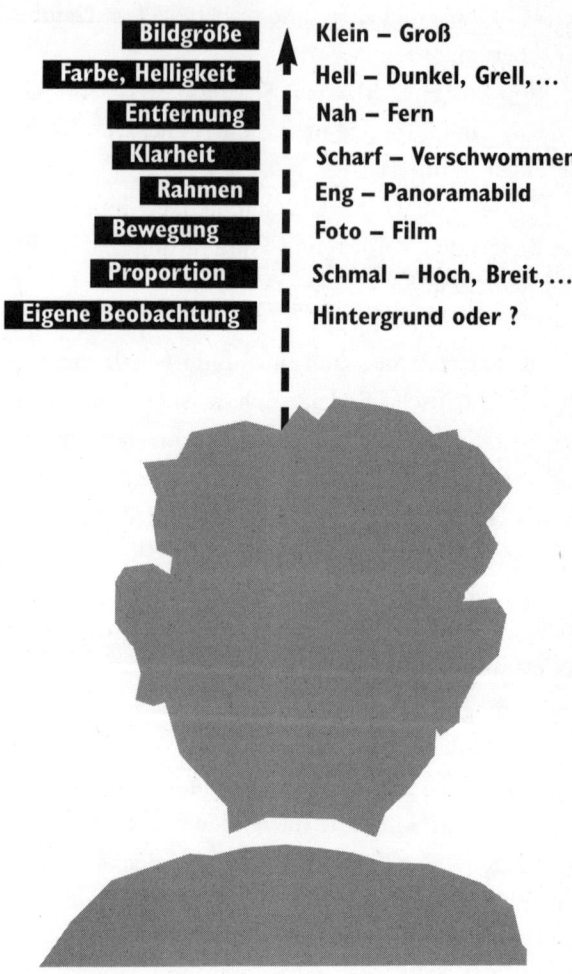

Bildgröße	Klein – Groß
Farbe, Helligkeit	Hell – Dunkel, Grell, …
Entfernung	Nah – Fern
Klarheit	Scharf – Verschwommen
Rahmen	Eng – Panoramabild
Bewegung	Foto – Film
Proportion	Schmal – Hoch, Breit, …
Eigene Beobachtung	Hintergrund oder ?

Stellen Sie sich zum Beispiel vor:

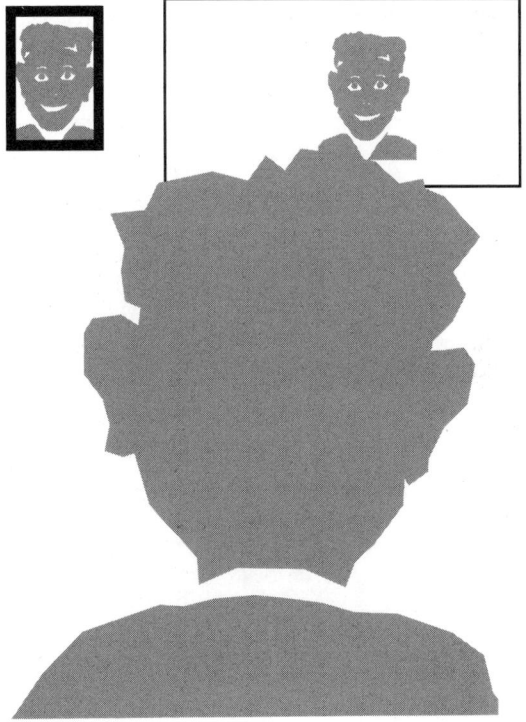

Wenn Sie die Bildqualität, die das Schüchternheitsgefühl am meisten neutralisiert, erkannt haben, fällt es Ihnen leichter, innerlich auf Stärkung umzuschalten. Über diese Bildeigenschaft wird die Schüchternheit neutralisiert.

Blenden Sie Ihre Schüchternheit aus

Eben noch guter Laune, und jetzt eingeschüchtert! Kennen Sie das? Peter, Student, wird immer noch rot, wenn ein attraktives Mädchen ihm direkt in die Augen sieht. Manfred fängt an zu stottern, wenn ihm jemand Arbeit zuschiebt und ihn dabei in einer gewissen herausfordernden Art ansieht. Dietlinde verkriecht sich in sich, wenn ihr Mann mit einem ganz bestimmten Gesichtsausdruck zur Tür hereinkommt. Sie weiß dann schon, er hat unangemeldet Gäste mitgebracht, die sie jetzt gleich – egal, wie spät es ist – bewirten darf. Bestimmte Signale – vor allem Gesichtsausdrücke, Körperhaltungen oder Blicke – lösen im Gehirn immer denselben Schüchternheitsfilm aus. Jetzt benutzen wir diesen Gehirnüberblendungsprozeß in einer neuen Richtung: Stärkung durch Fähigkeitsbilder. Statt durch bestimmte Signale schüchtern zu werden, können wir diese Signale benutzen, um uns besonders fähig zu verhalten. Unser Gehirn läßt sich mit dem Fernsehen vergleichen: Detailausschnitte werden plötzlich vergrößert und füllen den ganzen Bildschirm aus, oder der Bildschirm wird verkleinert, und ein Bild aus dem Hinter- wird in den Vordergrund gezoomt. Bei Dietlinde erzeugte das verlegene und zugleich fordernde Gesicht ihres Mannes Ohnmachtsgefühle. Dem liegen wahrscheinlich schmerzhafte und unverarbeitete Erlebnisse zugrunde. Die Überblendtechnik, die mit zwei Bildern operiert, hilft hier. Das erste Bild, genannt Auslöserbild, ist das Bild kurz bevor die Schüchternheit beginnt. Es schnürt Dietlinde die Kehle zu und macht es ihr unmöglich, sich zu wehren. Dietlinde erlebt das zugrundeliegende Ereignis erneut: Sonst ruft ihr Mann ihr immer etwas Fröhliches zu, jetzt ist er ganz still. Dieses Auslöserbild kann Dietlinde genau beschreiben:

> Es steht direkt vor ihr.
>
> Es füllt das ganze Gesichtsfeld aus.
>
> Es ist ungefähr einen halben Meter entfernt.
>
> Es ist sehr hell, die Konturen sind klar zu sehen.

Als nächstes erinnert sich Dietlinde an ein Fähigkeitsbild, das zeigt, wie sie schon einmal gelassen Forderungen abwehrte. Es braucht sich nicht auf diese Situation zu beziehen. Sie macht sich ein Bild von sich selbst, wie sie locker ihrer Nachbarin einen Wunsch ablehnte. Dieses innere Bild mit allen positiven Fähig-

Unser Gehirn arbeitet wie das Fernsehen

61

keiten ist für Dietlinde wesentlich kleiner, dunkler als das die Schüchternheit auslösende Bild. Das Fähigkeitsbild wird von außen erlebt, d. h., Dietlinde sieht sich wie auf einem Foto, sie sieht sich agieren.

Wichtig ist, daß die Konsequenzen ihrer Handlung in ihr Leben passen. Daher fragt sie sich, was passieren würde, wenn sie so reagierte. Wie wird ihr Mann reagieren? Wird es ihr dabei gutgehen? Wie kann sie sich so verhalten, daß er weiß: Sie ist ihm gut gesinnt, möchte aber jetzt ihre eigenen Ziele verfolgen und sich nicht vor seinen Karren spannen lassen. In das gewählte Bild von der zukünftigen Reaktion wird also die Konsequenz der neuen Verhaltensweise mit einbezogen, so daß es hinterher keine unliebsamen Überraschungen gibt, die Dietlinde noch mehr einschüchtern.

Das kleine gewollte Fähigkeitsbild wird jetzt in die linke untere Ecke des Auslösebilds hineingesetzt wie eine Briefmarke. Jetzt beginnt ein Überblendprozeß. Innerhalb von einer Minute verkleinert Dietlinde das große Schüchternheitsbild auf Briefmarkengröße in die linke untere Ecke und vergrößert gleichzeitig das kleine dunkle Wunschbild auf die Größe des ehemaligen Auslöserbildes. Das muß möglichst in einer Sekunde ablaufen. Warten Sie nach jedem Überblendprozeß einige Minuten und rufen dann die Ausgangssituation mit dem großen Auslöserbild und dem in der linken unteren Ecke plazierten kleinen Wunschbild wieder hervor und führen den Überblendprozeß noch einmal durch. Nach vier- bis fünfmaligem Durchgang dürfte das Ausgangsbild gar nicht mehr aufrufbar sein. Es müßte vom Wunschbild überblendet sein. Der Test ist, ob das Auslöserbild verschwunden ist und dem Wunschbild Platz gemacht hat. Jetzt können Sie Ihre Lieblingsbildeigenschaften einsetzen, um das Wunschbild noch attraktiver zu machen, so daß es im Gehirn unbewußt und sofort ausgelöst wird.

Der Auslöser kann ein Bild, ein Wort oder eine Aufforderung sein. Der Überblendprozeß läßt sich auch in bezug auf die Stimm- und Wortqualität anwenden. Wenn die Schüchternheit durch eine bestimmte Wortwahl ausgelöst wird, dann kann man diese Stimme als Auslöserstimme benutzen und seine eigene Reaktion stimmlich planen. Mit welcher Lautstärke, mit welcher Geschwindigkeit, mit welchem Rhythmus, mit welcher Tonlage, mit welcher Modulation wird jemand Bitten gelassen abwehren, statt vielleicht mit gequetschter, hoher, sehr schneller Stimme der Bitte einfach Folge zu leisten? Während die Auslöserstimme heruntergedreht wird, wird gleichzeitig die Lockerheitsstimme aufgedreht. Für Hörmenschen ist das eine bekannte und leicht durchzuführende Technik. Für Augenmenschen ist die Überblendtechnik in der Regel geeigneter. Mit einiger Übung wird es Ihnen auch gelingen, beide Techniken zu kombinieren.

Wichtig ist auch die Auswahl der Situation. Es muß sich um eine Situation handeln, die regelmäßig einschüchtert. Auf einen bestimmten Reiz reagieren Sie immer schüchtern, auch wenn Sie anders reagieren möchten. Durchleben Sie eine der Einschüchterungssituationen erneut, und besinnen Sie sich darauf, was Sie innerlich sehen. Was hören Sie? Was fühlen Sie, bevor Sie schüchtern werden? Es geht um den Punkt, an dem Sie noch nicht schüchtern sind, aber wissen, daß die Schüchternheit gleich einsetzt.

Finden Sie Ihr Wunschbild

Was ist Ihr Wunsch, wie möchten Sie sich verhalten? Machen Sie sich ein Bild von sich selbst, wie Sie in einer derartigen Situation reagieren möchten. Wenn Sie dieses Wunschbild aufgebaut haben, beschreiben Sie es in seiner Größe, in seiner Entfernung, in seinen Farben, Konturen etc., und beobachten Sie auch, ob Ihre Stimmqualität eine Rolle spielt. Nehmen Sie Ihre Gefühle in bezug auf Ihr Wunschbild wahr. Ist es attraktiv, sich so zu verhalten? Überprüfen Sie, welches die Konsequenzen eines solchen Verhaltens sind. Spinnen Sie die Situation aus. Wie geht sie weiter, wenn Sie sich kompetent verhalten?

Ihr Leben soll durch neue Verhaltensweisen bereichert und nicht erschwert werden. Jetzt verkleinern Sie Ihr Wunschbild und setzen es wie eine Briefmarke in die linke untere Ecke Ihres Auslöserbildes Ihrer Schüchternheit (für Rechtshänder; Linkshänder sollten prüfen, ob sie es nicht besser in die rechte untere Ecke plazieren und den Überblendprozeß von rechts nach links durchführen). Jetzt wird innerhalb von einer Sekunde überblendet. Das kleine dunkle Zielbild links unten in der Ecke des großen hellen Auslöserbildes wird hell und groß werden und das Auslöserbild auf Briefmarkenformat in die entsprechende Ecke verkleinert. Atmen Sie tief durch, bevor Sie diesen Vorgang erneut wiederholen. Nach vier bis fünf Durchgängen führen Sie einen Test durch: Versuchen Sie das Schüchternheitsbild nochmals vor Ihr inneres Auge zu holen. Es sollte seine Wirkung verloren haben. Ansonsten wiederholen Sie die Übung. Zusätzlich verstärken Sie die Anziehungskraft des Wunschbildes mit Bild-, Ton- und Gefühlsqualitäten. Lassen Sie Ihrer Phantasie freien Lauf! Steigern Sie Ihre Fähigkeiten, indem Sie sowohl den bildlichen Überblendprozeß als auch den tonalen Überblendprozeß üben und beide Prozesse miteinander kombinieren.

Schau mir in die Augen!

«Wenn ich das nur könnte!» So wie Johannes B. mag es vielen Schüchternen gehen. «Ich habe einen Blackout, wenn Frauen bei mir mit dem Training beginnen und mich ansehen, weil sie noch nicht wissen, was sie tun sollen! Ich bin dann manchmal so gehemmt und unfähig, richtige Anweisungen zu geben, und ich weiß gar nicht, was ich dagegen tun soll!» Johannes B. ist ein gutgebauter Athlet und Besitzer eines Fitneßstudios. Er hat jetzt einen anderen Sportler als Trainer für die Damen eingestellt, weil er ins Schwitzen gerät, rot wird, stottert, wenn er junge Frauen in seine Geräte einweist. Dies passiert häufig in der ersten Anlernstunde, er kann aber nicht vorhersagen, wann ihn diese Schüchternheits- und Angstgefühle überfallen. «Es sind die Erwartungen, die ich unbewußt anscheinend von den Augen ablese. Aber helfen tut mir die Erkenntnis auch nicht. Es ist nicht so, daß ich bei Frauen keinen Erfolg habe. Ganz im Gegenteil: Als ich z. B. meine jetzige Freundin kennenlernte, hatte ich derartige Schüchternheitsanfälle überhaupt nicht!»

Ein Blick sagt mehr als 1000 Worte

Ein Blick sagt oft mehr als tausend Worte! Vor allem in der Erziehung schüchtern mahnende, mißbilligende, strenge, strafende, zornige Blicke ein Kind so ein, daß eine bleibende Wirkung entsteht. Immer wenn Augen in der gleichen Weise schauen, werden die Angst-, Scham- und Versagensgefühle von damals ausgelöst, ohne daß man sich dessen bewußt wird. Kompetenz- und Fähigkeitsbilder zu machen, wie man den Blickkontakt aufrechterhält, ist oft unmöglich, wenn bestimmte Blicke immer wieder die alten Erinnerungen hochspülen. Johannes B. wollte als kleiner Junge zu Weihnachten eine Fotoaufnahme von der ganzen Familie machen, aber der Blitz ging nicht. Alle guckten ihn erwartungsvoll an. Als er das erste Mal knipste und das Blitzlicht nicht auslöste, redeten ihm alle gut zu, aber beim dritten, vierten, fünften Versuch begann das Lachen, das Sticheln, das Frotzeln. Er gab schließlich auf, aber das Lachen der anderen kann er immer noch hören. Er sieht vor allen Dingen das Bild seiner Mutter vor sich und erlebt noch heute ihre Augen als bestrafend. Das Gefühl der Scham, des Versagens überkommt ihn. Diese fragenden Augen sind für Johannes B. eine immer wieder aufgerufene, einschüchternde Erinnerung geworden! Es sind besonders Frauen, die beim Ausprobieren der Geräte fragend schauen. Ehe Johannes in solchen Situationen etwas sagen kann, fängt er an zu schwitzen, seine Hände werden feucht, und seine Kehle zieht sich zu! Eine Frau wurde zornig, interpretierte sein Verhalten als Anmache und ging nach Hause. Der Schreck sitzt ihm noch in den Gliedern. Jedes neue Schüchternheitserlebnis wird vom Gehirn mit dem alten Film verknüpft, und die Wirkung ist von Mal zu Mal verheerender. Da diese Schüchternheitsfilme überwiegend im Bildgedächtnis gespeichert sind, läßt sich durch gutes Zureden wenig ausrichten. Das Ursprungserlebnis muß neutralisiert und neu als Kompetenzerlebnis im Gedächtnis gespeichert werden.

Wechseln Sie die Rolle!

Manche Erlebnisse sind so belastend, daß NLP eine besondere Technik entwickelt hat, um auch solche Ereignisse zu neutralisieren.

Stellen Sie sich vor, Sie gehen in ein Kino und wollen sich das Urerlebnis als Film anschauen. Sie schweben aus sich heraus und werden zum Filmvorführer des Kinos. Ein Filmvorführer kümmert sich wenig um die Gefühle der Schauspieler, sondern darum, ob die Helligkeit stimmt, der Vorhang rechtzeitig aufgeht, der Ton klar ist und die Musik die richtige Lautstärke hat. Was im Film passiert, interessiert ihn nicht. Sich aus den Augen eines Filmvorführers eine schwierige, belastende Situation anzusehen bringt Abstand von diesen Ereignissen. Diese Methode erlaubt es uns, eine Situation neu zu bewerten.

Sie verändern die Bildqualität so, daß die Gefühle noch neutraler werden. Die moderne Film- und Videotechnik macht uns vor, wie auch unser Gehirn Bilder und damit verbundene Gefühle grundlegend verändern kann. Stellen Sie sich vor, Sie drehen bei einem Kriminalfilm an den spannendsten Stellen die Lautstärke herunter und nehmen die Farbe heraus. Die

Spannungsgefühle vermindern sich schlagartig! Stellen Sie sich weiter vor, Sie lassen ihn mit doppelter Geschwindigkeit zurücklaufen!

Diese Methode wandte Johannes B. auf seine Schüchternheitserinnerung an. Zuerst erinnerte er sich, wann er das letzte Mal einen Film gesehen, wie das Kino ausgesehen hatte. Er setzte sich auf seinem Stuhl so hin, als würde der Vorhang aufgehen und auf der Leinwand der Vorspann eines Filmes beginnen. Dem Film gab Johannes B. den neutralen Titel: «Blickkontakt». Er nahm die Position des Filmvorführers ein: Vor ihm befanden sich die Filmrollen und der Projektor, die vielen Knöpfe, mit denen Film und Ton reguliert werden, die Hebel, um den Vorhang zu betätigen und die Lüftung einzuschalten. Er konnte auch in den Zuschauerraum sehen, und sah sich dort sitzen. Der Vorhang war noch geschlossen. Er drückte einen Knopf. Vor seinem inneren Auge öffnete sich der Vorhang. Sein Name erschien als der des Hauptdarstellers, und der Film «Blickkontakt» begann. Allerdings achtete er nur darauf, daß die Geschwindigkeit, die Helligkeit und die Lautstärke stimmten. Wie ein Filmvorführer beurteilte er nur die Filmqualität. Der Filminhalt wurde nebensächlich. Er konnte sich selbst zusehen, wie er damals als kleiner Junge verzweifelt versuchte, das Blitzlicht in Gang zu setzen und die Familie zu fotografieren. Er sah, wie sich der kleine Junge Johannes abmühte und wie er die Schultern immer höher zog und ganz verkrampft dastand, und sein

Herz zog sich zusammen. Aber da war der Film auch schon zu Ende.

Jetzt spielte er aus seiner Warte als Filmvorführer den Film mit doppelter Geschwindigkeit zurück und konnte ihn schon viel gefaßter ansehen. Die belastenden Gefühle, die ihn beim ersten Durchgang noch ergriffen hatten, wurden schwächer. Bei jedem neuen Filmdurchlauf schwanden die Gefühle der Betroffenheit, des Versagens und der Einschüchterung mehr. Als Johannes B. in seiner Rolle als Filmvorführer den Film vorwärts und rückwärts mit den gleichen neutralen Gefühlen ansehen konnte, schwebte er wieder zurück in seinen Kinosessel und hielt den Film am Ende an.

Der letzte Schritt besteht darin, daß er am Ende in den Film hineinspringt und den Film noch einmal als Mitwirkender durchläuft, und zwar rückwärts. Können Sie sich vorstellen, wie verwirrend das ist? Sie steigen in das Ende eines belastenden Films ein, Sie werden noch einmal zum Mitspieler, schauen Sie sich wie damals um, und alles geht rückwärts! Als Johannes den Film als Mitwirkender rückwärts durchlaufen hatte, mußte er über das ganze Ereignis lachen! Wenn man über etwas lachen kann, beginnt die Versöhnung.

Johannes B. hatte damals auch gelernt, sich mit technischen Geräten intensiver zu beschäftigen. In seinem Studio benutzte er beispielsweise Geräte, die mit Computerchips arbeiten. Damit war er allen anderen Fitneßstudiobesitzern weit voraus. Das Schüchternheitserlebnis bekam eine neue positive Bedeutung: Auch sein Interesse an Technik war damals entstanden.

In der Regel genügt die Versöhnung mit dem Ursprungserlebnis, um den Effekt einschüchternder Blicke für immer aufzuheben! Bei Johannes hatten sich inzwischen allerdings zu dem Ursprungsfilm zu viele neue Schüchternheitserlebnisse gesellt. Als Filmvorführer sah Johannes B. sich jetzt das letzte einschüchternde Erlebnis an, als diese Frau sich «angemacht» fühlte und nach Hause ging. Kunden, die kommen und durch sein Verhalten wieder nach Hause gehen, lösen bei ihm Existenzängste aus. Er nannte den Film «Kettenreaktion» und mußte ihn dreimal vor- und zurückspielen, bevor sich seine Gefühle neutralisierten. Die Stimme der Frau spielte eine wichtige Rolle, und erst als er daraus einen Schwarzweißfilm mit Operettenmusik machte, konnte er über seine Reaktion lachen und sich mit diesem Ereignis versöhnen. Er gestaltete als Regisseur im Kinosessel einen neuen Film, in dem er solche Kundinnen beruhigte. Als er diesen Film mehrfach in bunten Farben mit melodiösen Stimmen erlebt hatte, fühlte er sich sicher, den nächsten fragenden Blick einer Frau zu genießen als das, was er ist: «Hier will jemand noch was lernen, hier fehlen noch Informationen, hier kann ich als Berater tätig werden!» Diese Rolle hatte er in seinem positiven Kompetenzfilm mehrfach simuliert.

Spielen Sie mit Ihren inneren Filmen!

Nehmen Sie ein Ereignis, bei dem Sie sich schüchtern verhielten. Bevor Sie sich daran erinnern, welches Ursprungserlebnis diesem Schüchternheitserlebnis zugrunde liegt, stellen Sie sich vor, Sie säßen mitten in einem Kino und warteten auf einen Schwarzweißfilm, der gleich anfangen wird. Dabei wählen Sie möglichst einen neutralen, unverfänglichen Titel, so daß Sie dem Film auch die positive Seite des Lernens abgewinnen können. Jetzt schauen Sie sich in Ihrem Kino um und stellen sich vor, wo der Filmvorführer sitzt, der für Vorhänge, Lüftung, Licht und die Filmqualität verantwortlich ist. Sie schweben aus Ihrem Körper hinaus in den Projektionsraum des Kinos. Von dort erleben Sie sich in drei Rollen gleichzeitig: Als Vorführer, als Kinobesucher und als Filmschauspieler.

Betätigen Sie den Hebel, der den Vorhang aufgehen läßt, und vor Ihrem inneren Auge erscheint der Vorspann eines Filmes mit Ihrem neutralen Filmtitel. Sie lesen Ihren Namen als den des Hauptdarstellers. Der Film läuft schwarzweiß und setzt ein, kurz bevor die Situation aus Ihrem früheren Leben stattfindet. Sie betrachten den Film aus dem Projektionsraum von Anfang bis Ende mit den Gefühlen eines Filmvorführers. Sie sind nur dafür verantwortlich, daß der Vorhang richtig aufgeht, der Film die richtige Helligkeit und Lautstärke hat und daß er nicht reißt. Auch wenn der Ursprungsfilm in Ihnen bunt ist, wählen Sie die

Schwarzweißversion. Farbe intensiviert in der Regel Gefühle, während Schwarzweißfilme den Gefühlsabstand vergrößern.

Zeigen Sie Ihren Film einmal in normaler Geschwindigkeit. Wenn Sie noch sehr starke Einschüchterungsgefühle spüren, verkleinern Sie die Leinwand und setzen Ihre Filmvorführerkabine weiter zurück. Der Abstand zu den inneren Bildern dämpft in der Regel auch die Gefühle. Wenn der Film zu Ende ist, lassen Sie ihn rückwärts laufen mit mindestens doppelter Geschwindigkeit. Jetzt lassen Sie den Film wieder vorwärts laufen. Prüfen Sie, ob die Reaktion immer noch so heftig ist wie beim ersten Mal. Notfalls lassen Sie ihn nochmals in doppelter oder dreifacher Geschwindigkeit rückwärts laufen. Wiederholen Sie das Ganze, bis Sie den Film in normaler Geschwindigkeit neutral betrachten können. Je nach bevorzugtem Sinneskanal können andere Erlebnisqualitäten das Gefühl noch stärker neutralisieren als das Umkehren des Films. Unterlegen Sie ihn z. B. mit Zirkusmusik, mit Walzermelodien, so daß die Bilder ihren Schrecken für immer verlieren!

Wählen Sie ein Schüchternheitserlebnis der letzten Zeit, und behandeln Sie es in der gleichen Kinotechnik. Wenn Sie sich mit diesem Schüchternheitserlebnis versöhnt haben, lernen Sie daraus, welche Kompetenzen Sie übernehmen können, und gestalten Sie die Eigenschaft in einen Kompetenzfilm um.

Wenn Sie wissen, wann ein ähnliches Ereignis in der

Zukunft stattfinden wird, schlagen Sie eine Brücke in die Zukunft. Verwenden Sie die neugelernten Kompetenzen, und erleben Sie, wie Sie fähig sind, dieses zukünftige Ereignis zu bewältigen! Natürlich können Sie die Soforthilfen hier zusätzlich mitverwenden! Wenn Sie merken, Sie benötigen Fähigkeiten, die Sie noch nie an sich erlebt haben, so lernen Sie von einem Vorbild.

Vielleicht finden Sie auch noch andere Möglichkeiten, um die Bildereignisse aus ihrem gewohnten Rahmen zu heben und sich von den damaligen Gefühlen zu trennen. Was wir hier tun, unternimmt das Gehirn automatisch mit allen Vergangenheitserlebnissen, die es heute als neutral betrachtet: Ereignisse verblassen. Vergangene, schwierige Erlebnisse, mit denen man sich ausgesöhnt hat, werden heute entweder belächelt oder als Lernerfahrung in der Gehirnbibliothek abgelegt.

Suchen Sie sich ein positives Modell

Beginnen Sie mit ganz kleinen Schritten und nehmen sich nicht zu viel vor. Lieber öfter kleine Erfolge, die aufbauen, so daß Schüchterne langsam Mut fassen und sich mehr zutrauen. Was sollten Sie sich als erstes vornehmen? Schaffen Sie sich ein Motivationsbild, sozusagen ein genaues Kompetenzbild, das Ihnen deutlich macht, welche Träume Sie realisieren.

Diese Technik benutzte Margot H. bei der nächsten Vorstellungsrunde in einer anderen Gruppe. Da sie selbst noch keine Erfahrung hatte, in einer Gruppe Rede und Antwort zu stehen, und die erste Erfahrung für sie gleich ein Mißerfolg war, wandte sie die Modelltechnik an. Viele aus der Gruppe hatten ihr sehr gefallen und sich so vorgestellt, wie sie es gern selbst machen wollte. Sie wählte sich als Modell Janine aus und betrachtete vor ihrem inneren Auge den Film, wie diese Janine sich in der Selbsterfahrungsgruppe vorgestellt hatte. Sie war charmant, erzählte etwas Humorvolles und guckte alle an. Alle diese Schritte vergegenwärtigte sich Margot H. in ihrem inneren Film.

Das Herausragende war:

- alle ansehen, während sie spricht,
- langsam sprechen,
- mitlachen, wenn die anderen über ihre Schilderung lachen,
- Pausen machen.

Sie veränderte den Film so lange, bis sie die wichtigsten Charakteristika innerlich sah und hörte. Um den Film anziehend zu gestalten, blendete sie die Farbmischung ihres Erfolgsfilms ein.

Nachdem sie ihr Modell bildhaft dargestellt und auch die Wortwahl, die Stimmqualität als ähnlich erlebt hat, stellt sie sich vor, sie selbst würde sich so verhalten wie Janine. Noch sieht sich Margot aber von außen zu und überlegt, ob dieses Kompetenzbild für sie überhaupt attraktiv ist. Sie versetzt sich in ihr Modell hinein und sieht die Welt mit dessen Augen, lacht so wie Janine, spürt das im eigenen Körper, macht Pausen, imitiert die Stimmqualität und überprüft wieder, ob sie sich so verhalten möchte.

Jetzt wird dieses Modellverhalten auf ein Zukunftserlebnis übertragen: Wann und in welcher Gruppe wird Margot H. sich wieder vorstellen? Sie macht jetzt wieder ein Bild von sich selbst von außen, wie sie dieses Verhalten, das sie bei Janine gelernt hat, in der neuen Gruppe anwendet. Sie paßt auf, daß ihr Simulationsfilm auf sie paßt. In der Situation selbst hat sie die Möglichkeit, dieses Kompetenzbild hinter die Gruppe zu stellen, so daß sie die Gruppe ansehen kann und sich auch noch selbst zusieht, wie sie kompetent die Situation handhabt.

Vom Opfer zum Macher

Sie haben den Wunsch, sich zu verändern? Sie wissen auch, wie? Sie glauben noch nicht an den Erfolg.  Während die bisherigen Techniken dazu dienten, die Schreckenserlebnisse zu neutralisieren, um daraus zu lernen, bewegen wir uns jetzt auf einer neuen Denkebene. Jetzt geht es um die Überzeugung, den Glauben daran, aus der Schüchternheit auch herauskommen zu können. Das, was wir für wahr und für richtig halten, das, was wir akzeptieren, ist in unserem Gehirn als Überzeugung, als Glaube gespeichert. Wenn jemand davon überzeugt ist, daß sich an seiner Schüchternheit nichts ändern läßt, dann hat er es schwer, die vorgestellten Techniken überhaupt einzuüben. Es fehlt die Überzeugung, es fehlt die Motivation!

Überzeugungen sind als tiefsitzende subjektive Wahrheiten nicht widerlegbar. Ein Beispiel von Bandler zeigt das: Ein Klient kommt zum Arzt. Er behauptet, er sei eine Leiche. Der Arzt will den Realitätsbezug des Patienten wiederherstellen und fragt ihn: «Glauben Sie, daß Leichen bluten können?» Der Patient guckt ihn verwundert an und sagt: «Nein.» Daraufhin nimmt der Psychiater eine Nadel und sticht den Klienten in den Finger. Es blutet! Der Klient guckt das Blut ungläubig an und sagt: «Wie man sich irren kann! Leichen bluten also doch!»

Gegenbeweise, Widerlegungen locken jemanden nicht aus seinem inneren Überzeugungsfilm heraus. Sie hören schon, es geht darum, die inneren Tonbildschauen, die zu diesen Glaubenssätzen gehören, kennenzulernen und in stärkende Glaubenssätze zu verändern.

Eine Methode ist die Glaubens-Veränderungs-Maschine. Sie geht davon aus, daß unser Gehirn Überzeugungen aufgrund von Erlebnissen bildet und diese Erlebnisse miteinander vernetzt. Wenn man diese Vernetzung einmal deutlich macht und feststellt, daß diese Netze auch Löcher haben, dann kann eine begrenzende Überzeugung in eine aufbauende, bestärkende Überzeugung umgewandelt werden.

Eine weitere Methode besteht darin, die Tonbildschauen beschränkender und sicherer Überzeugungen auszuwechseln! Wir wissen, es geht nicht um den Inhalt einer Überzeugung, es geht darum: Wie weiß das Gehirn, daß ich etwas für wahr oder für nicht wahr halte? Und wie stark ist meine Überzeugung?

Der sichere Glaube unterscheidet sich von dem, was ich nicht glaube, durch die Bildqualität, durch die Ton- und alle übrigen Sinnesqualitäten. Am besten probieren Sie es aus, indem Sie innerlich alle Bilder nebeneinanderstellen und vergleichen. In einem nächsten Schritt werden die Bildeigenschaften so lange verändert, bis Sie überzeugt sind, daß Sie Ihre Schüchternheit überwinden können. Diese Methode empfiehlt sich sehr für Augenmenschen und ist im rororo-Sachbuch 9604 «Gut drauf sein, wenn's schiefgeht» genauer beschrieben. Eine einfachere Methode ist die sogenannte Glaubens-Veränderungs-Maschine.

Die Glaubens-Veränderungs-Maschine

«Ich glaube, ich bin ein Versager, weil mich alle ausnutzen!» Ralph F., Sachbearbeiter bei einer großen Versicherung, war immer der letzte, der auch am Freitagnachmittag noch eine wichtige Schadenakte bearbeitete, damit der Kunde möglichst schnell sein Geld kriegte. Er war der gute Geist! Ein Nein, eine Ablehnung, ein Hinweis auf seine 60-Stunden-Woche, nie kam so etwas über seine Lippen. Er war zu schüchtern, um mit der gleichen Kraft, mit der er sich für die Belange anderer einsetzte, sich auch für seine eigenen Wünsche stark zu machen. Er hielt sich für einen Versager, weil ihn alle ausnutzten und viele, die später in die Abteilung eingetreten waren, viel weniger leisteten und viel weniger konnten als er und trotzdem schon Karriere gemacht hatten! Etwas für seine Karriere zu tun, sich bei freiwerdenden Plätzen zu melden, das verhinderte seine Schüchternheit! Wenn er Ansätze dazu machte und er sich gegenüber seinen Vorgesetzten dahingehend erklären wollte, wich er schon bei der Frage nach dem Warum zurück. «Eigentlich wollte ich nur mal wissen...» Und dann verstummte er, wenn ihm gesagt wurde, man könne ihn nicht entbehren. Er hatte es im Laufe der Zeit aufgegeben, Ansprüche geltend zu machen! Hinzu kam, daß insbesondere seine Frau immer darauf hinwies, wieviel gescheiter und klüger die anderen Kollegen waren, die viel schneller Karriere machten!

Hier hilft die Aufgliederung des einen zentralen Glaubenssatzes: «Ich bin ein Versager, weil mich alle ausnutzen!» Ein solcher zentraler Glaubenssatz über den Selbstwert wird durch andere Glaubenssätze über die eigenen Fähigkeiten, über das eigene Verhalten und über Werte genährt.

Wenn wir erst mal erkennen, wie wir unsere inneren Filter darüber, was wir für richtig und für falsch halten, in uns selbst aufbauen und wovon wir uns abhängig machen, dann ist es leichter, einen stärkenden Glaubenssatz aufzubauen. Ralphs begrenzende Glaubenssätze über sich selbst waren:

Glaubens-Veränderungs-Maschine

«Negativer Glaubenssatz»			Umgekehrter («Positiver») Glaubenssatz
	....	....	
	....	....	
	....	....	
	....	....	
	....	....	
	....	....	
	....	....	
	....	....	

1. Ich kann nicht nein sagen.

2. Ich mache alle Drecksarbeiten.

3. Andere lehnen sich auf, ich kann das gar nicht.

4. Als Mann sollte ich auf den Tisch klopfen und mich durchsetzen.

5. Weil ich nicht den Mund aufmache, ziehen andere an mir vorbei und machen Karriere.

6. Ich bringe es zu nichts, weil ich immer wieder übergangen werde.

7. Ich brauche immer Frieden, und das hat seinen Preis.

Sehr viele Unterglaubenssätze beschäftigen sich mit Fähigkeiten, die seine Kollegen scheinbar haben und die Ralph bei sich nicht erkennen kann.

Nachdem Ralph diese Glaubenssätze, die seine Überzeugung, ein Versager zu sein, begründen, aufgeschrieben hat, muß er lachen, und er stellt bei jedem einzelnen Unterglaubenssatz fest, daß der eigentlich so nicht gilt. Ab und zu kann er auch nein sagen, manchmal gibt er auch Drecksarbeiten weiter. Er schreibt in die Spalten «positive Glaubenssätze» alles, was er Gutes über sich und seine Arbeit glaubt.

1. Harmonie ist mir wichtig und fördert die Qualität meiner Arbeit.

2. Ich bin sehr beliebt, und das will ich erhalten.

3. Ich bin ein Mensch mit besonderen Talenten. Andere können mir nur teilweise Modell stehen.

4. Im Beruf will ich ein Mensch sein, nicht ein Mann, Klischees interessieren mich nicht.

5. Die Qualität meiner Arbeit und der Nutzen, den ich anderen bringe, sind mir wichtig.

Als er alles überliest, fällt ihm spontan ein: «Ich mag mich, wie ich bin, und gebe mir Chancen, Neues zu lernen.» Mit dem neuen Glaubenssatz ist es möglich, in einer Situation, in der er sich schüchtern zurückhält, etwas Neues zu lernen! Benutzen Sie die Grafik, um einen alten beschränkenden Glauben zu untergliedern und in einen attraktiven Glauben zu überführen.

Nehmen Sie Ihre Wünsche wichtig!

«Sei nicht so selbstsüchtig, denk an die anderen!» Wie oft hatte Karin B. diesen Satz gehört. Er war ihr in Fleisch und Blut übergegangen. Schon als kleines Kind war klar, daß der jüngere Bruder mehr Rechte hatte,

Wünsche äußern konnte und sie auch erfüllt bekam. Das Gefühl für den Wert der eigenen Person, der sogenannte Selbstwert, wird sehr früh gebildet. Es entsteht z. B. in der Art, wie sich die Mutter auf das heranwachsende Kind freut, wie der erste Blickkontakt zwischen den Eltern und dem Neugeborenen ist. Die Fragen, die für die Sicherheit und das Vertrauen eines Kindes überlebenswichtig sind, lauten: «Werde ich akzeptiert mit meiner Persönlichkeit? Gehöre ich dazu? Wer sorgt für mich? Wer liebt mich, wer akzeptiert mich, so wie ich bin?»

Das Selbstwertgefühl des Kindes gehört zu den tiefsten Kernüberzeugungen. Freuen sich die Eltern über den neuen Prinzen, die Prinzessin, so wird dieses Kind diese Botschaft mit allen Sinnen erleben, verinnerlichen und als Prinz oder Prinzessin durch die Welt gehen. Sind die Eltern aber überfordert, weil das Kind zu früh kommt, ungeplant ist, nicht das gewünschte Geschlecht hat, so ist das Selbstwertgefühl schon vom ersten Blickkontakt an herabgesetzt: Das Kind empfängt über die Augen, über die Behandlung, über die Ermahnungen eine Botschaft: «Du bist nicht erwünscht» oder auch «Wir lieben dich, wenn du unsere Wünsche erfüllst, nützlich bist, Leistung zeigst, wenn wir durch dich entlastet werden». Etwas zu fordern, ohne Leistung zu zeigen, sich in den Wünschen gleichberechtigt fühlen, das hat ein solches Kind nicht gelernt.

Als Erwachsener hat es verinnerlicht: «Die Wünsche

der anderen sind wichtig, nimm dich nicht so ernst, stell dich nicht in den Vordergrund!» So, wie die Eltern das Kind zurückgescheucht haben, wird es sich selbst in Zukunft einschüchtern und Chancen nicht beim Schopf ergreifen!

Stellen Sie sich vor, Sie haben eine innere Persönlichkeit, die Ihnen gleich etwas sagen wird. Welches Bild sehen Sie, wenn sie Ihnen folgenden Satz sagt: «Deine Wünsche sind so wichtig wie die Wünsche aller anderen!» Achten Sie auch darauf, was Sie in den übrigen Sinneskanälen wahrnehmen. Stellen Sie die Bild- und Tonqualität deutlich fest, und fühlen Sie, wie überzeugend dieser Satz klingt. Jetzt denken Sie an eine Person, deren Wünsche Sie wichtiger nehmen als die eigenen. Sie stellen sich vor, diese Person sagt Ihnen diesen Satz. Wie ist die Bildqualität dieser Person? Achten Sie auf Position, Größe, Helligkeit in der Bildqualität, auf die Stimmqualität und die Anspannung in Ihrem Körper! Lassen Sie das Bild der anderen Wünsche schrumpfen, schieben Sie es weiter weg, oder bewegen Sie es nach unten, machen Sie es dunkler, bis sich die Ansprüche von außen unwichtig anfühlen.

Gehen Sie einen Schritt in die Zukunft, und denken Sie an das nächste Mal, wenn Ihnen wieder eine andere Person übermächtig erscheint und Sie nicht mehr Ihren eigenen Wünschen folgen können. Beschreiben Sie das Bild der anspruchsvollen Person in allen Details. Ist es groß, ist es nah, ein Panoramabild? Wie hört sich die Stimme der Person an? Ist sie melodiös

Meine Wünsche sind so wichtig wie die Wünsche aller anderen.

Selbstbild

Wie sehen Sie
sich selbst in-
nerlich ?

Wie sieht Ihr Selbstbild aus ?

oder flach, nörgelnd oder flehend? Was passiert, wenn Sie sagen, daß Sie auch Wünsche haben, die ebenso wichtig sind wie die Wünsche der anderen. Verändern Sie diese Bilder, Töne und Worte in diejenigen der Person, bei der Sie bisher leicht in diese Opferhaltung gerieten. Jetzt haben Sie eigentlich zwei Bilder: das der externen Person und ein Bild mit Ihren eigenen Wünschen. Beide haben die gleiche Ausprägung. Verändern Sie beide Bilder so lange, bis Sie mit beiden Ansprüchen gleich gut umgehen können.

Die Walt-Disney-Strategie

Die bisherigen Methoden reduzieren den Kritikfilm auf das, was er ist: eine Erinnerung aus der Vergangenheit, die die alte Schüchternheit immer wieder erzeugt. Wenn Sie sich von der Schüchternheit befreien, sollten Sie das, was Sie immer schon wollten, auch umsetzen. Wenn Sie auch das Träumen einbeziehen, sind Sie stärker motiviert. Ihre Wunschfilme werden größer, attraktiver und gewaltiger.

Disney schuf sich Raumanker, indem er jede Denkweise nur in einem bestimmten Raum ausführte. Viele von uns kennen das schon. Wer hat sein Büro im Schlafzimmer aufgeschlagen, wer sieht in der Küche fern? Räume erinnern uns an das, was wir in ihnen erleben wollen, und sie können uns auch daran erinnern, welche Denkart wir anwenden.

Wenn Ihnen die Einrichtung von drei Räumen zu umständlich ist, dann benutzen Sie drei verschiedene Stühle. Erleben Sie auf jedem Stuhl eine der Denkhaltungen. Setzen Sie sich einen Druckknopf (Anker) zur Erinnerung an die Träumer-, die Realisten- und die Kritiker-Denkweise.

Wenn die Anker sicher funktionieren, nehmen Sie

Die Walt-Disney-Strategie

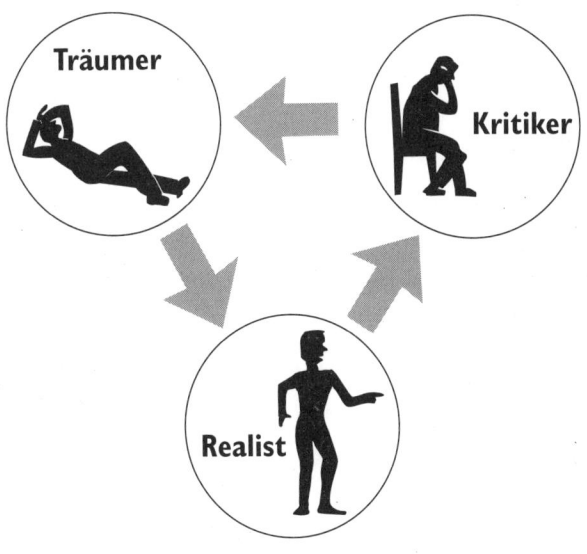

sich eine ganz bestimmte Situation vor, in der Sie sich deutlich zielorientierter und fröhlicher verhalten wollen. Setzen Sie sich zuerst auf den Stuhl mit dem Träumeranker, und drücken Sie diesen Anker, während Sie darüber nachdenken, was Sie sich wünschen und was überhaupt denkbar und wünschenswert ist! Lassen Sie Ihrer Phantasie freien Lauf, und achten Sie nur darauf, daß Sie die Träumerposition beibehalten.

Wenn Sie den Traumfilm deutlich sehen können, gehen Sie auf den nächsten Stuhl und versetzen sich in die Position des Realisten. Fragen Sie sich, was Sie wirklich erreichen wollen, was Ihnen wichtig ist, wann Sie was erreichen wollen, wieviel es kosten darf und welche Anforderungen Sie an das umsetzbare Ziel stellen.

Als drittes setzen Sie sich auf den Kritikerstuhl, in die Kritikerposition und bewerten Ihren Zielplan. Stellen Sie in der Regisseurposition fest, was Ihnen fehlt, was sich verbessern läßt, was sich einfacher machen läßt. Wie paßt dieser neue Plan in Ihr bisheriges Leben? Was wird passieren, wenn Sie sich plötzlich anders verhalten? Sehen Sie die Bilder Ihrer Umwelt und Ihrer Bezugspersonen ganz deutlich, und gehen Sie mit allen Defiziten wieder in die Traumposition. Wechseln Sie die Position so lange, bis Sie mit Ihrem Ergebnis aus allen Blickwinkeln zufrieden sind. Dann wissen Sie, wann Sie den ersten Schritt tun, dann wissen Sie, wie Sie den ersten Schritt tun und wie Sie auch wirklich alles umsetzen, was Sie geplant haben.

Planen Sie Ihren Erfolg

Glück, so heißt es, ist, wenn wir uns eine glückliche Stunde erträumen und das Erträumte auch umsetzen. Wenn wir das mehrfach am Tag machen, haben wir einen glücklichen Tag. Wenn wir mehrere Tage glücklich verleben, haben wir eine glückliche Woche usw. bis zu einem glücklichen Jahr. Viele glückliche Jahre ergeben ein glückliches Leben! Sie können diese Methode so benutzen:

Schreiben Sie auf, wie Sie sich verändern wollen, was Sie erreichen wollen! Während Sie an Ihre grobe Zielrichtung denken, schreiben Sie in die erste Spalte alles das, was passiert, wenn Sie Ihre Ziele erreicht haben. Was kann schiefgehen? Was kann Ihnen in die Quere kommen? Auf was müssen Sie verzichten, wenn Sie nicht mehr schüchtern sind?

Jetzt schreiben Sie in die mittlere Spalte alles das, was Sie sich von Herzen wünschen, egal, ob es realistisch ist. Es geht nur um das, was Sie sich wünschen, was Sie aus innerstem Herzen für sich herbeisehnen. Benutzen Sie Bild, Ton, Gefühl, ja, vielleicht auch Geruch und Geschmack, um Ihre Wünsche dem Gehirn so deutlich wie möglich mitzuteilen.

Als Drittes fragen Sie sich, was Sie tun müssen, um Ihre Wünsche zu realisieren und alles Kritische so zu berücksichtigen, daß Ihre Wünsche Wahrheit werden. Was an dieser Methode faszinierend ist: Durch das Aufschreiben verinnerlichen Sie jede Denkart intensiv.

Schüchternheit in realistische Träume umsetzen

**Folgenden Wunsch möchte
ich bis zum ... realisieren:**

Auf keinen Fall möchte ich	**Auf jeden Fall möchte ich**	**Das setze ich um:**
Kritisiert!	**Das ist traumhaft!**	**Realisiert!**
....	....	....
....	....	....
....	....	....
....	....	....
....	....	....
....	....	....
....	....	....
....	....	....
....	....	....
....	....	....

Das Verwechseln der Denkarten wird durch die Spalten und die Aufschreibtechnik verhindert. Das war eine der genialen Ideen Disneys. Ernst B. zum Beispiel, der häufig als Computerfachmann in den Vorstand gerufen wurde und dort kurz erklären mußte, wie die Zahlen zustande kommen, haßte wegen seiner Schüchternheit seine Auftritte, bis er mit Disney jeden einzelnen Auftritt so gezielt vorplanen konnte, daß er völlig ruhig, in seiner besten Kompetenzhaltung und gestützt durch seine inneren Bilder, Rede und Antwort stehen konnte. Eine Sitzungsvorbereitung sah z. B. so aus:

Generelles Ziel:
Ich möchte sehr locker und vertrauenerweckend wirken, während ich dem Vorstand Rede und Antwort stehe. Ich bin davon überzeugt, daß ich jede Zahl erklären kann. Und das werde ich in einer angemessenen Form mit ruhiger Stimme machen.

Was kann schiefgehen?
- Wenn ich eine Zahl nicht kenne, verhasple ich mich und fange an, zu stottern und zu schwitzen.
- Ich habe nicht die richtigen Zahlen parat, und das setzt mich unter Druck.
- Jemand unterbricht mich. Ich werde aufgefordert, schneller zu sprechen, mich kurz zu fassen.
- Man läßt mich stundenlang warten, ohne mich zu beachten.

Meine Wünsche:
Locker und gelassen sitze ich da und genieße, daß ich so wichtig bin. Ich bin ganz ruhig, mein Herz schlägt ganz ruhig. Ich bin stolz, daß ich hier der Experte bin.

Was muß ich tun, um die kritischen Situationen in den Griff zu bekommen?
Ich lege mir eine Mappe zu, in der immer die wichtigsten Zahlen liegen, mit einem Verzeichnis, so daß ich diese Zahlen schnell aufschlagen kann. Ich mache mir einen Anker für meine Fähigkeit, meine Sinne nach außen zu richten und wirklich gut zuzuhören. Bei Vorstand X überprüfe ich mein Selbstbild und das Bild, das ich von ihm habe. Haben beide die gleiche Bildqualität? Wie steht es mit der Tonspur?

Bald genügte es, daß er das, was er in die Realisierungsspalte geschrieben hatte, noch einmal kurz durchlas oder innerlich aufrief, bevor er in die Sitzung ging.

Die Disney-Strategie gibt Ihnen die Möglichkeit, alle anderen gelernten Techniken umzusetzen.
Wir wünschen Ihnen, daß das Genie Disney Ihnen viel Zuversicht und Hilfe geben wird, um Ihre Schüchternheit dann zu überwinden, wenn Sie es wollen!

Tips zum Weiterlesen

Bandler, Richard: *Veränderung des subjektiven Erlebens: Fortgeschrittene Methoden des NLP.* Paderborn, 1989.
Plastische Darstellung unserer inneren Erlebniswelt und deren Veränderungsmöglichkeiten.

Besser-Siegmund, Cora: *Erfolg ist reine Willenssache. Magic Words für Manager,* Düsseldorf, Wien, New York, Moskau, 1994.
Wie man Streß in Zauberworte verwandelt und dazu die passenden Motivationsbilder entwickelt, wird hier praxisnah vorgestellt.

Clance, Pauline Rose: *Erfolgreiche Versager. Das Hochstapler-Phänomen,* München, 1985.
Die Angst vor dem Versagen ist allen Schüchternen vertraut. Wer kontinuierlich besonders gute Leistungen zeigen will, aber trotzdem das Gefühl hat, sein Erfolg sei auf Glück zurückzuführen, für den ist dieses Buch eine Offenbarung.

Dilts, Robert B.; Epstein, Todd; Dilts, Robert W.: *Know-how für Träumer. Strategien der Kreativität. NLP & Modelling. Struktur der Innovation.* Paderborn, 1994.
Auf der Basis der Denkstrategien von Walt Disney entwickeln die Autoren ein Modell der realisierbaren Kreativität. Ein innovatives und weiterführendes NLP-Buch. Gerade Schüchterne finden hier weitere Hilfen, um Träume in die Tat umzusetzen.

Mohl, Alexa: *Der Zauberlehrling. Das NLP-Lern- und Übungsbuch*, Paderborn, 1993.
Ein Buch für NLP-Interessierte. Die einzelnen NLP-Techniken sind klar dargestellt und werden durch viele Anwendungsbeispiele veranschaulicht.

Müller, Hartmut: *Heile deine Gedanken. Mit Mind-Clearing Ziele erklären, Hindernisse abbauen, klar bleiben*. Berlin, 1992.
Das Mind-Clearing benutzt viele Techniken, die dem NLP eng verwandt sind.

Schott, Barbara; Zickendraht, Veronika: *Schlank und chic ohne Diät*, München 1990.
Übergewicht und Schüchternheit scheinen sich geradezu zu bedingen. Wie man mit Hilfe von NLP mit jeder Figur glücklich sein kann, dazu gibt es hier praxisnahe Tips.

Topping, Wayne W.: *Stress Release*, Freiburg im Breisgau, 1988.
Bei der Verwandlung von Schüchternheit in Selbstbewußtsein sind kinesiologische Methoden eine fundierte Ergänzung der NLP-Techniken. Mit den einfachen, aber wirksamen Übungen sagen Sie dem Schüchternheitsstreß ade.